주말 황금연휴

일본어 혼자서 끝내기

일본어공부기술연구소 저

4 단계

LanguagePLUS

www.langpl.com

내가 나에게 하는
'깨뜨릴 수 없는' 약속

Certificate of Unbreakable Resolution

나는 내 인생의 행로에

일본어가 꼭 필요하다는 것을 믿습니다.

그래서 나는 다짐합니다.

「주말 황금연휴 일본어 혼자서 끝내기」 4단계를

수행하는데 어떤 어려움이 닥치더라도

결코 굴하지 않고 내 혼신의 힘을 다해

반드시 목표를 성취하고야 말겠습니다.

200 . . .

서약인 ______________________

'일본어 성공'으로 가는 탄탄대로가 여기 활짝 열려 있습니다.

여기 '일본어 성공' 으로 가는 길을 활짝 열어 놓았습니다.
일본어 학습 성공을 위한 4단계 전략 「주말 황금연휴 일본어 혼자서 끝내기」.

'미쳐야 미친다' 는 말이 있습니다. 한자로는 불광불급(不狂不及)이라 하는데
어떤 일이든 혼신의 힘을 다해야 겨우 목표에 도달할 수 있다는 뜻입니다.

일본어가 바로 그렇습니다. '일본어 하나쯤 해야지' 하는 사람은 많은데
실제로 '저는 일본어 웬만큼 됩니다' 하시는 분은 그리 흔치 않습니다.

도대체 왜 그런 것일까요?
개개인으로 보면 공부를 꾸준히 해나가지 않았다는 것이 될 수 있겠고
방법론으로 보면 그 공부방법에서의 문제점을 지적할 수도 있겠습니다.

공부에 미쳐야 합니다. 한번쯤 미쳐 보아야 합니다.
저희 「주말 황금연휴 일본어 혼자서 끝내기」가 안내하는 대로 4단계만 확실하게 미쳐 보십시오.

"아아 일본어는 이렇게 하는 거구나" 제대로 배우시게 됩니다.
"하하 나도 이제 일본어 된다" 당신도 '일본어 재미' 알게 됩니다.

「주말 황금연휴 일본어 혼자서 끝내기」로 새롭게 시작하십시오.
「주말 황금연휴 일본어 혼자서 끝내기」가 당신을 '확실한 일본어 성공' 의 길로 안내하겠습니다.

수업용 교재로 공부하는 분께

이번에는 끝내고야 말겠다!! 굳게 결심해야 합니다.

일본어 학습 성공을 위한 4단계 전략 「주말 황금연휴 일본어 혼자서 끝내기」는 교육효과가 입증된 매우 획기적인 프로그램입니다.
일본어, 반드시 정복하겠다! 어금니 꽉 물고 '일본어 성공' 을 시작하십시오.

예습과 복습이 당신의 '일본어성공' 을 앞당겨 줍니다.

당신이 '일본어 성공' 을 위해 투자할 것은 피와 땀과 눈물, 그리고 시간입니다.
그 시간을 위해 당신의 어떤 시간을 잘라 버릴지는 당신이 결정해야겠군요.

시간 나는 대로 '동영상', 장소 가리지 말고 CD 듣기.

자투리 시간을 아껴 쓰세요. 시간 날 때마다 '인터넷 강의' 를 반복해 들어보세요.
교통수단 이용하실 때는 '언제나 CD'. 원어민의 발음에 익숙해지셔야 합니다.

혼자 일본어 독학하려는 분께

뭔가 공부하거나 배우려 할 때, 누가 옆에서 가르쳐 주면 그게 가장 빠릅니다.
그게 바로 수천년 인류역사가 입증하고 있는 '학교식 공부 시스템' 이죠.
하지만 여러 개인적인 사정으로 현장수업을 받을 수 없는 사람도 있습니다.
이런 분은 현장수업의 혜택을 스스로의 노력으로 메꾸어 나가야 되겠죠.
저희는 당신께 「주말 황금연휴 일본어 혼자서 끝내기」의 '인터넷 강의' 를 강력 추천합니다.
대한민국 최고의 일본어 강사가 당신의 '일본어 성공' 을 채찍질 해줍니다.

Explanatory Notes | 일러두기

본 프로그램의 특징

「주말 황금연휴 일본어 혼자서 끝내기」는 초중급 일본어의 문법과 문형, 어휘를 개괄적으로 파악함과 동시에, 기초과정에서 배우는 일본어문법을 교재를 통해 독학으로 한번, 인터넷 강의를 통해 선생님과 함께 다시 한번 익히면서 단계적으로 일본어 능력을 향상시키는 프로그램입니다.
「주말 황금연휴 일본어 혼자서 끝내기」의 인터넷 강의는 혼자 공부하시는 분과 수업을 통해 단체로 공부하시는 분들이 쉽고 빠르게 공부할 수 있도록 만든 프로그램입니다. 일본어를 제대로 익히기 위해서는 취약한 부분을 지속적으로 점검해주는 트레이닝이 필요합니다. 본 프로그램의 인터넷 강의를 통해 배운 내용을 리뷰하고, 약점을 점검하면 자연스럽게 일본어가 훈련됩니다.
「주말 황금연휴 일본어 혼자서 끝내기」의 4단계 프로그램만 충실히 따라오시면 4개월만에 일본어가 술술 나옵니다!

인터넷 강의

앞서 말씀드린 대로 본 프로그램은 교육의 효과를 최대한 끌어올리고자 온라인과 오프라인을 아우르는 시스템을 갖추고 있습니다. 「주말 황금연휴 일본어 혼자서 끝내기」의 인터넷 강의는 총 80강의 짜임새있게 구성된 교육 과정으로, 충실한 내용 구성을 위하여 한 과를 파트1, 2로 나누어, 30분 내외의 재미있고 신나는 일본어 설명으로 꽉 채웠습니다. 선생님의 상세한 설명과 함께 네이티브들의 생생한 회화, 쉽고 명확한 문법 설명, 연습문제 풀이까지 이 인터넷 강의 하나만으로도 일본어 학습, 문제없습니다!
「주말 황금연휴 일본어 혼자서 끝내기」의 유료 동영상 강의는 www.langpl.com에서 보실 수 있습니다

시사일본어학원 일본어 전문강사
김희성 _1,2단계
"제대로 된 기초공사, 선생님과 함께해요"

한국외국어대학교 일본어과 강사
조수진 _3,4단계
"일본어로 꿈꾸는 그날까지"

RTS 시스템

본 프로그램은 기존 교재와의 차별성을 갖기 위해 오디오 CD에 RTS시스템을 도입했습니다.
RTS란

Remote
서버에서 고객PC로

Text
글자를 보내

Service
소리에 글자를 입힌다.

라는 뜻입니다. 쉽게 말해 여러분 PC의 CD드라이브에 탑재된 오디오 CD 소리에 맞추어 서버에서 글자를 내려보내 캡션응용기능을 구현하는 것입니다.
RTS는 외국어 학습에 유용한 다양한 캡션응용기능을 실시긴으로 구현함으로써, 단순 소리전달 매체인 오디오 CD를 효과적인 어학학습도구로 탈바꿈시켜 강력한 Listening Trainer로 활용하도록 해주는 첨단서비스입니다.

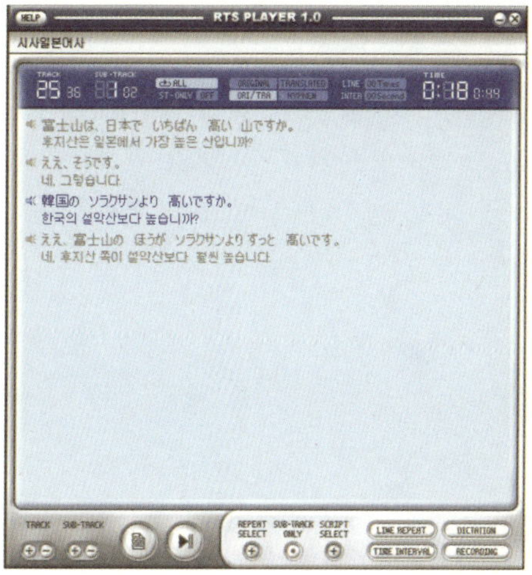

- RTS 샘플예 -

RTS 작동방법

1) RTS홈페이지(www.rtscd.com)에서 회원으로 가입합니다.
2) 「주말 황금연휴 일본어 혼자서 끝내기」의 오디오 CD를 PC에 삽입합니다.
3) PC에서 오디오 CD를 구동하기 위해 미디어플레이어가 실행되면 이 미디어플레이어를 종료합니다.
4) RTS홈페이지(www.rtscd.com)에서 「주말 황금연휴 일본어 혼자서 끝내기」를 검색합니다.
5) 검색된 「주말 황금연휴 일본어 혼자서 끝내기」의 RTS Play버튼을 클릭하면 RTS Player가 실행됩니다.

전체 구성

1권

자기소개, 지시대명사의 활용 및 イ형용사 · ナ형용사의 특징, 조수사, 사물의 존재 표현, 가족 호칭, 동사의 과거형과 동사 활용 등을 배웁니다.

2권

イ형용사 · ナ형용사의 과거, 희망 표현(～がほしい, ～たい), 동사의 て형, 허가 · 금지 표현(～てもいいです, ～てはいけません) 보통체 등을 배웁니다.

3권

전문(伝聞) · 양태(様態)의 そうだ, 권유 표현(～たほうがいい) 가정 조건(～ば, ～と, ～たら, ～なら), 가능 표현(～ことができる) 등을 배웁니다.

4권

시점을 나타내는 표현(～ところ), 동사의 의지형(～(よ)う), 수수동사(もらう, あげる, くださる, いただく 등), 동사의 수동형(～れる／られる), 동사의 사역형(～せる／させる), 존경표현(いらっしゃる 등), 겸양표현(おる 등) 등을 배웁니다.

본 교재의 구성

학습목표

그 과에서 배울 기본 문법과 문형을 간략히 소개했습니다.

Warming up

본문에 사용된 신출 한자와 가타카나를 소개했습니다.

회화 술술 말하기

본문은 각 과의 학습 사항을 도입했습니다.
1과~10과까지는 모든 한자에, 2권 1과 이후에는 신출 · 기출을 불문하고 그 과에서 처음 나오는 한자에 읽기(루비)를 달았습니다.

단어 쏙쏙 익히기

단어 풀이는 본문의 신출 단어를 실었습니다. 「일본어능력시험 3 · 4급」 출제기준 단어에는 *를 붙였으며, 다음과 같은 약어를 사용하였습니다.

〔イ형〕 イ형용사(형용사)
〔ナ형〕 ナ형용사(형용동사)
〔인〕 인명
〔지〕 지명
〔동1〕 1그룹 동사(5단동사)
〔동2〕 2그룹 동사(상1단동사 · 하1단동사)
〔동3〕 3그룹 동사(변격 동사)

문법 꽉꽉 다지기

문법 설명과 예문을 통해 그 과의 학습 사항을 확인, 연습할 수 있습니다. 본문과 마찬가지로 1과~10과까지는 모든 한자에, 2권 1과 이후에는 신출 · 기출을 불문하고 그 과의 문법 꽉꽉 다지기에서 처음 나오는 한자에 읽기를 달았습니다.

실력 팍팍 키우기

연습 문제를 통해 핵심 표현을 익힙니다. 그 과의 내용을 이해했다면 어렵지 않게 풀 수 있는 문제로 구성되어 있습니다. 또한 CD를 듣고 받아쓰는 문제를 통해 듣기 훈련을 할 수 있습니다.

문법 플러스

그 과에서 형용사가 나왔으면 서로 반대되는 형용사, 가족 관계가 나왔으면 가족 호칭 등, 주로 초급에서 다뤄야 할 관련 어휘를 소개했습니다.

일본 확 다가가기

すみません, どうぞ, どうも, 인체관용구, 속담관용구 등의 학습 사항을 통해 실력 향상을 꾀하는 한편 전반적으로 일본과 관련있는 사항을 다루어 일본과 일본어에 대한 관심을 높일 수 있도록 하였습니다.

J/a/p/a/n Information

가깝고도 먼 나라인 일본을 바로 알기 위해 일본의 정보를 상세하고 재미있게 설명해 놓았습니다.

Contents | 차례

01

若者は 宇宙人の ようです。

젊은 사람들은 외계인 같아요.

주요 문법내용

- ～ようだ〈様態〉
- 〔명〕の　ために／～ために
- ～はずだ

Warming up

宇宙人(うちゅうじん)　新入社員(しんにゅうしゃいん)　教育(きょういく)　若者(わかもの)　大会(たいかい)　汗(あせ)　涙(なみだ)　流(なが)す

終(お)わる　奥様(おくさま)　喜(よろこ)ぶ　重(おも)たい

ラグビー・ボール(rugby ball)　ワールド・カップ(world cup)

オープニング・セレモニー(opening ceremony)

A：新入社員(しんにゅうしゃいん)の　教育(きょういく)、大変(たいへん)な　ようですね。

B：ええ、最近(さいきん)の　若者(わかもの)は　まるで　宇宙人(うちゅうじん)の　ようですから。

A：ラグビー・ボールの　ようだとも　言(い)うし……。お茶(ちゃ)でも　入(い)れましょう。

* **新入社員**(しんにゅうしゃいん) 신입 사원
* **教育**(きょういく) 교육
〜ようだ 〜는 것 같다, 〜한 것 같다, 〜인 것 같다
若者(わかもの) 젊은이, 젊은 사람
まるで 마치

A : 신입사원 교육, 고생하는 것 같군요.

B : 네, 요즘 젊은 사람들은 마치 외계인 같아서요.

A : 럭비공같다(어느 방향으로 튈지 모른다)고도 하고......
차라도 마십시다.

단어 쏙쏙 익히기 2

まるで ～の ようだ 마치 ~인 것 같다
宇宙人(うちゅうじん) 우주인
ラグビー・ボール(rugby ball) 럭비공

お茶(ちゃ)**を 入れる**(いれる) 차를 끓이다 ◀お茶でも 入れましょう라고 할 때는 '차를 끓입시다' 보다는 '(같이) 차라도 마십시다' 라는 뉘앙스이다.

회화 술술 말하기 2 (3)

A：いよいよ　ワールド・カップが　はじまるんですね。

B：ええ、ワールド・カップに　向けて、韓国(かんこく)の　人(ひと)は　皆(みな)　がんばって　いますよね。

A：そうですね。選手達(せんしゅたち)は　勝(か)つ　ために　これまで　たくさんの　汗(あせ)と　涙(なみだ)を　流(なが)したでしょうし……。

B：皆　そわそわして　いる　ようで、終(お)わるまでは　仕事(しごと)に　なりませんね。

---

* **いよいよ** 드디어
ワールド・カップ(World Cup) 월드컵
～に　向(む)けて ~을 향해, ~을 위해

～よね ◀종조사 よ와 ね가 합쳐진 것으로, 상대에게 자신이 하는 말을 '그렇죠?' 라며 확인시키는 뉘앙스이다.

A : 드디어 월드컵이 시작되는군요.

B : 네, 월드컵을 위해서 한국인은 모두 열심히 하고 있지요.

A : 그래요. 선수들은 이기기 위해 지금까지 많은 땀과 눈물을 흘렸고….

B : 모두 들떠있는 거 같아서, 끝날 때까지는 일이 안 될 거예요.

단어 쏙쏙 익히기 4

ため(に) ~을/를 위해서
汗(あせ) 땀
涙(なみだ) 눈물
流す(ながす) [동1] 흘리다
汗を　流す 땀을 흘리다
涙を　流す 눈물을 흘리다
そわそわする [동3] (기대나 흥분으로) 들뜨다
* **終わる(おわる)** [동1] 끝나다

회화 술술 말하기 3 5

A：こんな　すてきな　プレゼントなら、奥様(おくさま)も　きっと　喜(よろこ)ぶ　はずですよ。

B：うわ、それ、けっこう　重(おも)そうですね。

A：ええ、10キロは　ある　はずですよ。

B：えっ！そんなに？

C：だから　バラを　50本(ぽん)くらいに　して　おけば　よかったのに……。

* こんな　이런
  奥様(おくさま)　부인, 사모님 ◀ 남의 부인을 높여 부르는 말
* きっと　분명히, 반드시, 꼭
* 喜ぶ(よろこぶ)　[동1] 기뻐하다

~はずだ　(당연히) ~할 것이다
うわ　와 ◀ 감탄사. 감탄하거나 놀랐을 때
* けっこう　꽤, 상당히
重い(おもい)　[イ형] 무겁다, 묵직하다
ある　[동1] (무게, 길이가 어느 정도) 되다, 나가다

A : 이런 멋진 선물이라면 사모님도 분명 기뻐하실 꺼에요.

B : 우와, 그거 꽤 무거울 거 같네요.

A : 네, 10킬로는 될 겁니다.

B : 네? 그렇게나?

C : 그러니까 장미꽃 50송이 정도로 했으면 좋았을 텐데……

단어 쏙쏙 익히기 6

そんなに 그렇게나

バラ 장미

* **~本(ほん)** 송이 ◀조수사. 꽃이나 나무 · 우산 등 길고 가느다란 물건을 셀 때의 단위로, 앞의 숫자에 따라 ほん · ぼん · ぽん으로 발음이 바뀐다.

~ば ~のに ~했으면 ~할 걸(텐데)

~して おけば よかったのに ~했으면 좋았을 텐데

문법 꽉꽉 다지기

01 ～ようだ。

～인 것 같다 ▶ 비유 · 단순한 확정 · 불확실한 단정

- 「～ようだ」의 용법에는 비유, 단순한 확정, 불확실한 단정의 용법이 있다.
- 동사, イ형용사는 보통체에 접속하며, ナ형용사는 「ナ형용사＋(な／だった)　ようだ」, 명사에는 「명사＋(の／だった)　ようだ」의 형태로 접속한다.

	명사	イ형용사	ナ형용사	동사
현재	～の＋ようだ	보통체＋ようだ	～な＋ようだ	보통체＋ようだ
과거	보통체＋ようだ	보통체＋ようだ	보통체＋ようだ	보통체＋ようだ

最近(さいきん)の　若者(わかもの)は　まるで　宇宙人(うちゅうじん)の　**ようです。**
요즘 젊은 사람들은 마치 외계인과 같아요.

キムさんは　この頃(ごろ)　忙(いそが)しかった　**ようです。**
김(아무개) 씨는 요즘 바빴던 것 같습니다.

教育(きょういく)が　大変(たいへん)な　**ようです。**
교육이 힘든 것 같아요.

みんな　そわそわして　いる　**ようです。**
모두 들떠있는 것 같아요.

02 [명]の　ように　／　[명]の　ような [명]

[명]の　ように　～처럼

[명]の　ような [명]　～와 같은 ～

- 본문에서는 나오지 않았지만, 「～の ようだ」가 부사적 용법으로 쓰일 때는 「ように」, 명사를 수식할 때는 「ような」가 된다.

百雪姫(しらゆきひめ)の　**ように**　きれいな　顔(かお)。
백설공주처럼 예쁜 얼굴.

ラグビー・ボールの **ように** どこへ 飛ぶか、わかりません。
럭비공처럼 어디로 튈지 모르겠어요.

まるで ファッション・モデルの **ような** 人。
마치 패션 모델과 같은 사람.

もみじの **ような** 赤ちゃんの 手。
단풍잎 같은 아기 손(고사리 같은 손).

03 〔명〕+の ために ~를 위해서
〔동〕+ために ~(하기) 위해서

- 「ために」는 '~을/를 위해서, ~하기 위해서' 라는 목적을 나타내는 뜻과 '~때문에, ~하기 때문에' 라는 이유, 두 가지 뜻을 가지고 있는데, 이 과에서는 목적을 나타내는 경우에 대해서 공부한다.
- 접속 방법은 「동사의 기본형+ために」「명사+の+ために」이다.

選手達は 勝つ **ために** 汗と 涙を 流しました。
선수들은 이기기 위해서 땀과 눈물을 흘렸습니다.

ワールド・カップの **ために** がんばりました。
개회식을 위해서 애썼습니다.

留学する **ために** 日本語を 勉強して います。
유학하기 위해서 일본어를 공부하고 있습니다.

04 ~あります。 (길이 · 높이 · 무게 등이) 됩니다. 나갑니다

- 크기, 거리, 부피, 무게, 두께, 깊이 등을 말할 때 우리말의 '됩니다' 에 해당하는 일본어는 「あります」이다.

重さが 10キロは **あります。**
무게가 10킬로는 됩니다.

富士山(ふじさん)は　高(たか)さが　3千メートル　以上(いじょう)　**あります。**
후지산은 높이가 3천 미터 이상 됩니다.

漢江(ハンガン)の　長(なが)さは　どれぐらい　**ありますか。**
한강의 길이는 어느 정도 됩니까?

05 ～なら(と)、 ～はずだ。　～라면 (당연히, 틀림없이) ~할(일) 것이다
～から、 ～はずだ。　~니까 (당연히, 틀림없이) ~할(일) 것이다

- 「はずだ」는 '~할 것이다, ~일 것이다' 라는 뜻으로, 어떤 사실의 실현을 당연한 일로 예측, 또는 기대하거나 확신할 때 쓴다.
- 접속 방법은 명사는 「～の はずだ」, ナ형용사는 「～な はずだ」이다.

	명사	イ형용사	ナ형용사	동사
현재	～の＋はずだ	보통체＋はずだ	～な＋はずだ	보통체＋はずだ
과거	보통체＋はずだ	보통체＋はずだ	보통체＋はずだ	보통체＋はずだ

状況(じょうきょう)を　見(み)る**と**、彼(かれ)が　犯人(はんにん)の　**はずです。**
상황을 보면 그가 범인일 겁니다.

きれいに　食(た)べたのを　見る**と**、おいしかった　**はずです。**
깨끗하게 먹은 것을 보면 맛있었을 겁니다.

彼は　アメリカで　勉強しました**から**、英語(えいご)が　上手(じょうず)な　**はずです。**
그는 미국에서 공부했으니까, 영어를 잘 할 겁니다.

こんな　プレゼント**なら**、奥様(おくさま)も　きっと　喜(よろこ)ぶ　**はずです。**
이런 선물이라면, 사모님도 틀림없이 기뻐하실 겁니다.

06 〜ば 〜のに。 〜했었다면 〜할 걸(텐데)

- 「〜ば 〜のに」는 하지 않았거나 할 수 없었던 행동의 결과가 기대에 어긋나서 유감으로 생각한다는 심정을 나타내는 표현으로, 우리말의 '〜었더라면(었으면) 〜을 걸(텐데)' 에 해당한다.

> 50本(ぼん)ぐらいに して おけば よかった**のに**……。
> 50송이 정도로 했으면 좋았을 텐데….
>
> 一生(いっしょう)けんめいに 勉強して おけば よかった(**のに**)。
> 열심히 공부했었더라면 좋았을 걸.
>
> 10分(ぷん) 早(はや)く 起(お)きれば 遅刻(ちこく)しない**のに**。
> 10분 빨리 일어나면 지각하지 않을 텐데.

〜のために가 쓰인 人類の未来ために는 '인류의 미래를 위해서' 라는 뜻이 되겠지요?

실력 팍팍 키우기

01 보기와 같이 말해 보자.

보기 ▸▸ さとうさんは　病気です。
➡ さとうさんは　病気の　ようです。

(1) 

キムさんは　ファッション・モデルです。
➡ ＿＿＿＿＿＿＿＿＿＿＿＿＿＿＿＿＿＿＿＿。

(2) 

少し　暑いです。
➡ ＿＿＿＿＿＿＿＿＿＿＿＿＿＿＿＿＿＿＿＿。

(3) 

教育が　大変です。
➡ ＿＿＿＿＿＿＿＿＿＿＿＿＿＿＿＿＿＿＿＿。

(4) 

皆　そわそわして　います。
➡ ＿＿＿＿＿＿＿＿＿＿＿＿＿＿＿＿＿＿＿＿。

02 「はずです」를 써서 문장을 완성해 보자.

보기 ▸▸ キムさんは　大学3年生です。ですから［来年　卒業する］
➡ 来年　卒業する　はずです。

(1) 

あしたは　学校の　記念日です。ですから［あしたは　休みだ］
➡ ＿＿＿＿＿＿＿＿＿＿＿＿＿＿＿＿＿＿＿＿。

(2) 

さっき　ハンさんに　会いました。ですから[もうすぐ　来る]

➡ ________________________________。

(3) 

彼は　アメリカで　勉強しました。ですから[英語が　上手だ]

➡ ________________________________。

(4) 

あした　お客さんが　来ます。ですから[彼は　忙しい]

➡ ________________________________。

03 CD의 내용을 받아 쓰고 대답해 보자. 7

(1) [3千メートル　以上]

Q : ________________________________。

A : ________________________________。

(2) [よく　わからない]

Q : ________________________________。

A : ________________________________。

(3) [日本語を　勉強する]

Q : ________________________________。

A : ________________________________。

일본의 난방시설「こたつ」

일본의 겨울은 우리나라 보다 기온이 높지만, 한국사람들이 일본의 집이 따뜻하지 않다고 느끼는 이유는 일반적으로 우리나라와 달리 바닥이 따뜻한 난방시설이 없기 때문입니다. 대신 일본에는 일본의 대표적인 난방시설인「こたつ」가 있는데요, 식탁 같이 생긴 나무틀 위에 담요를 덮고 안에 난로 같은 것을 넣어, 전기를 켜면 그 속이 따뜻해지는 것입니다. 이「こたつ」안에 가족이 모여 다리를 넣고 앉아 겨울을 따뜻하게 보낸답니다. 일본에서는「テレビ : 텔레비전」,「みかん : 귤」,「こたつ」를 겨울 3점 셋트라고 하는데요, 따뜻한「こたつ」에 들어가서 텔레비전을 보며 맛있는 귤을 먹는 것이 일본인들이 떠올리는 행복한 겨울 풍경이라고 합니다. 한편 요즘 일본에는「床暖房(ゆかだんぼう)」라고 하는 바닥난방을 설치하는 가정도 늘고 있답니다.

02

取引先に 出かけようと した。

거래처에 나가려고 했다.

주요 문법내용

- 〔동〕ところだ
- 〔동〕ようと　する／〔동〕ようと　思う

Warming up

君(きみ)　取引先(とりひきさき)　出(で)かける　物産(ぶっさん)　届(とど)く　開(あ)ける　変(へん)だ　臭(にお)い

部長(ぶちょう)　報告(ほうこく)　原因(げんいん)　調(しら)べる　早速(さっそく)　工場(こうじょう)　持(も)って　行(い)く　早(はや)い

ファックス(facsimile)　サンプル(sample)

회화 술술 말하기 ❶ 8

社員(しゃいん)：課長(かちょう)、会議(かいぎ)は　もう　始(はじ)まりましたか。

課長：今(いま)　始まった　ところだけど。君(きみ)、まだ　いたのか。

社員：いえ、取引先(とりひきさき)に　出(で)かけようと　して　いた　ところだったんですが　韓国物産(かんこくぶっさん)から　ファックスと　サンプルが　届(とど)きまして。それが　ちょっと……。

課長：何(なに)か　あったのか。

社員：ええ。サンプルを　開(あ)けようと　したら、中(なか)から変(へん)な　臭(にお)いが　したんです。
そんな　臭いが　する　はずが　ない　サンプルなんですが……。

課長：臭い？　困(こま)ったな。部長(ぶちょう)に　報告(ほうこく)しない　わけにはいかないだろう。

~ところ ~할 참, ~한 참, ~하고 있는 참
始まった　ところ 막 시작된 참
~だけど ~인데, ~는데
* **君**(きみ) 너, 자네 ◀동년배나 연하의 남녀를 가리키는 데, 상사가 부하 직원에게, 선생님이 학생에게 쓴다.
~のか ~느냐? ◀の+か
いえ 아뇨 ◀いいえ와 같은 뜻이다.
取引先(とりひきさき) 거래처
~ようと　する ~하려고 하다
出かけようと　して　いた　ところ 나가려고 하던 참
物産(ぶっさん) 물산
ファックス(facsimile) 팩시밀리 ◀ファクシミリ, ファクス라고 쓰기도 한다.
サンプル(sample) 샘플, 견본
届く(とどく) [동1] (물건이) 도착하다
* **開ける**(あける) [동2] 열다

사원 : 과장님, 회의는 벌써 시작됐습니까?

과장 : 지금 막 시작된 참인데. 자네, 아직 있었나?

사원 : 아뇨, 막 거래처에 나가려던 참이었습니다만, 한국물산에서 팩스와 샘플이 도착해서요. 그게 좀….

과장 : 무슨 일 있는 건가?

사원 : 네, 샘플을 열려고 했더니 안에서 이상한 냄새가 났습니다. 그런 냄새가 날 리 없는 샘플입니다만….

과장 : 냄새라구? 곤란하군. 부장님께 보고하지 않을 수는 없겠지.

단어 쏙쏙 익히기 9

開けようと したら 열려고 했더니
* **変だ**(へんだ) [ナ형] 이상하다
* **臭い**(におい) 냄새
臭いが する 냄새가 나다
* **そんな** 그런
～はずが ない ~(할) 리가 없다
臭いが する はずが ない 냄새가 날 리 없다
～な ~구나, ~군 ◀감탄. 동년배나 연하에게 사용하는 종조사
困ったな 곤란하군, 곤란하네
部長(ぶちょう) 부장
報告(ほうこく) 보고
～わけには いかない ~ㄹ 수는 없다, ~할 수 없다
～だろう 일 것이다, ~겠지 ◀추측. 정중체는 でしょう
報告しない わけには いかないだろう 보고하지 않을 수는 없겠지

회화 술술 말하기 2 10

部長：サンプルから　臭いが　した　そうだな。

原因(げんいん)は　わかったか。

課長：いえ、はっきり　した　ことは　まだ　わかりません。

調(しら)べる　ために、早速(さっそく)　工場(こうじょう)へ　持(も)って　行きました。

部長：韓国物産には　電話(でんわ)を　したのか。

課長：いいえ、部長に　報告してから　かけようと　思(おも)って

いたので　まだなんです。

部長：それじゃ、早(はや)く　電話しよう。

* **原因**(げんいん) 원인
* **はっきり** 뚜렷이, 확실히
  はっきり　した　こと 뚜렷한 것, 확실한 것
* **調べる**(しらべる) [동2] 조사하다, 검토하다
  早速(さっそく) 곧, 즉시, 빨리
* **工場**(こうじょう) 공장

부장 : 샘플에서 냄새가 났다며?

원인은 알았나?

과장 : 아뇨, 확실한 것은 아직 모르겠습니다.

조사하기 위해서 즉시 공장에 가져갔습니다.

부장 : 한국물산에는 전화를 했나?

과장 : 아니요. 부장님께 보고하고 나서 걸려고 했기 때문에 아직입니다.

부장 : 그럼 빨리 전화하세.

단어 쏙쏙 익히기 11

持って　行く(もって　いく) 가져가다

～ようと　思う ～하려고 하다, ～하려고 생각하다

かけようと　思って　いた (전화를) 걸려고 하고 있었다

まだなんです 아직입니다, 아직 하지 않았습니다

電話しよう 전화해야지, 전화하자

문법 꽉꽉 다지기

01 ~ところです。 ~하는 참입니다. 막 ~한 참입니다.

- 「ところ」는 장소를 나타내는 용법 외에 어떤 시점을 나타내는 용법이 있다. 「ところ」의 용법을 세 가지로 정리하면 다음과 같다.
  - ①「동사의 기본형+ところ」 : 어떤 동작이 막 시작될 때(직전)
  - ②「동사의 보통체 과거형+ところ」 : 어떤 동작이 막 끝났을 때(직후)
  - ③「동사+て いる+ところ」 : 그 동작이 한창 진행 중일 때(진행 중)

お昼(ひる)は　もう　食(た)べましたか。 점심은 벌써 먹었습니까?

— いいえ、これから　食べる　**ところです。** 아뇨, 지금부터 먹을 참인데요.

会議(かいぎ)は　今(いま)　始(はじ)まった　**ところです。** 회의는 지금 막 시작된 참입니다.

何(なに)を　して　いるんですか。 뭘 하고 있습니까?

— ファックスを　送(おく)って　いる　**ところです。** 팩스를 보내고 있는 참입니다.

02 〔동〕う(よう)。 ~해야지, ~하자. ▶ 의지, 권유

- 「~う(よう)」는 동사에 붙어서 '~하겠다' 는 의지를 나타내는 뜻을 나타낸다. 또, 상대에게 '~하자' 라는 권유의 뜻으로도 쓴다.

[1그룹 동사] 기본형 끝의 「う段」음을 「お段」음으로 바꾸고 「う」를 붙임	ならう (배우다) ➡ ならおう (배워야지, 배우자) (あいうえお) いく (가다) ➡ いこう (가야지, 가자) (かきくけこ) かえる (돌아가다) ➡ かえろう (돌아가야지, 돌아가자) (らりるれろ)
[2그룹 동사] 기본형 끝의 「る」를 없애고 「よう」를 붙임	みる (보다) ➡ みよう (봐야지, 보자) たべる (먹다) ➡ たべよう (먹어야지, 먹자)

[3그룹 동사] 외운다	くる (오다) ➡ こよう (와야지, 오자) する (하다) ➡ しよう (해야지, 하자) 勉強(べんきょう)する (공부하다) ➡ 勉強しよう (공부해야지, 공부하자)

キムさんは　休(やす)**もう**、休**もう**と　言(い)って　いる。
김씨는 쉬자, 쉬자고 하고 있다.

おいしい　ケーキを　作(つく)って、明日(あした)　みんなで　食べ**よう**。
맛있는 케익을 만들어서, 내일 다같이 먹자(먹어야지).

明日の　テストの　ために　がんばって　勉強**しよう**。
내일 시험을 위해서 열심히 공부하자(해야지).

03 [동]う(よう)と　する。　~하려고 하다.
[동]う(よう)と　思う。　~하려고 하다(생각하다).

- 「동사의 의지형+と　する」는 '~하려고 하다' 라는 뜻이다. 이것은 「동사의 의지형+と　思う」 '~하려고 생각하다' 와 비슷하게 쓰인다.

サンプルを　開(あ)け**ようと**　した。
샘플을 열려고 했다.

取引先(とりひきさき)に　出(で)かけ**ようと**　して　いた　ところだった。
거래처에 나가려고 하던 참이었다.

報告(ほうこく)してから　電話(でんわ)を　かけ**ようと**　思(おも)って　いた。
보고하고 나서 전화를 하려고 했다.

来年(らいねん)　日本に　行**こうと**　思(おも)って　いた。
내년에 일본에 가려고 했었다.

문법 꽉꽉 다지기

04 ~だろう。 ~했겠지. ~이겠지

- 「~だろう」는 추측이나 상대방의 의사 확인, 자기 말에 대한 동의를 구할 때에 쓴다. 「~だろう」의 정중한 표현은 「~でしょう」이다.

報告しない　わけには　いかない**だろう。**
보고하지 않을 수는 없겠지.

彼(かれ)が　たぶん　犯人(はんにん)**だろう。**
그가 아마 범인일 것이다.

色(いろ)を　見(み)ると、この　りんごは　おいしく　ない**だろう。**
색깔을 보니, 이 사과는 맛이 없을 것이다.

彼は　アメリカに　着(つ)いた**だろうか。**
그는 미국에 도착했을까?

05 〔명〕が　する。 ~이/가 나다

- 지금까지 공부한 「する」는 '~하다' 라는 의미의 타동사였다. 그러나 다음과 같이 명사와 함께 쓰이는 「する」는 '~이 느껴지다, ~이/가 나다' 라는 뜻을 가진 자동사이다.

예 臭(にお)いが　する　(냄새가 나다)
音(おと)が　する　(소리가 나다)
声(こえ)が　する　((목)소리가 나다)
寒(さむ)けが　する　(오한이 들다)

실력 팍팍 키우기

01 「～ところです」를 넣어 대답해 보자.

(1) 

この　本　全部　読みましたか。

➡ いいえ、今＿＿＿＿＿＿＿＿＿＿＿＿＿＿＿＿＿＿＿＿。

(2) 

会議は　いつ　終わりましたか。

➡ 今＿＿＿＿＿＿＿＿＿＿＿＿＿＿＿＿＿＿＿＿。

(3) 

お昼は　食べましたか。

➡ いいえ、これから＿＿＿＿＿＿＿＿＿＿＿＿＿＿＿＿＿＿＿＿。

02 보기와 같이 말해 보자.

보기 ▶▶ 来年　日本に　行く　つもりです。
➡ 来年　日本に　行こうと　思います。

(1) 

ファックスを　送る　つもりです。

➡ ＿＿＿＿＿＿＿＿＿＿＿＿＿＿＿＿＿＿＿＿。

(2) 

あした　友達に　会う　つもりです。

➡ ＿＿＿＿＿＿＿＿＿＿＿＿＿＿＿＿＿＿＿＿。

(3) 

お酒は　やめる　つもりです。

➡ ＿＿＿＿＿＿＿＿＿＿＿＿＿＿＿＿＿＿＿＿。

03 다음을 일본어로 옮겨 보자.

(1) 

회의를 시작하려고 하던 참입니다.

➡ ______________________________。

(2) 

지금 막 창문을 열었습니다.

➡ ______________________________。

(3) 

술을 마실 수는 없습니다.

➡ ______________________________。

04 CD의 내용을 받아 쓰고 대답해 보자. 12

(1) [今、～た　ところです]

Q : ______________________________。

A : ______________________________。

(2) [いいえ、～て　いる　ところです]

Q : ______________________________。

A : ______________________________。

(3) [たぶん　～ところだと　思います]

Q : ______________________________。

A : ______________________________。

속담 관용구 (2)

- さわらぬ　神に　祟り　なし。신을 건드리지 않으면 화를 입지 않는다. (긁어 부스럼을 만들지 마라.)
- 地獄の　沙汰も　金次第。지옥길도 노자돈 나름이다. (돈 있으면 귀신도 부린다.)

- 知らぬが　仏。모르는 게 부처님이다. (모르는 게 약이다.)
- 善は　急げ。좋은 일은 빨리 해라.
- 塵も　積もれば　山と　なる。먼지도 쌓이면 산이 된다. (티끌 모아 태산.)
- 釣った　魚に　えさは　やらない。잡은 물고기에게 먹이를 주지 않는다.
- 鉄は　熱い　うちに　打て。쇠는 뜨거울 때 두드려라. (모든 일에는 때가 있다.)
- 出る　杭は　打たれる。튀어나온 말뚝이 두드려 맞는다. (모난 돌이 정 맞는다.)
- 天高く　馬肥ゆる　秋。천고마비의 계절인 가을.
- 隣の　花は　赤い。옆집 꽃은 빨갛다. (남의 떡이 커 보인다.)

- 猫かぶり。고양이 가면을 쓰다. (본성을 숨기고 얌전한 체한다.)
- 猫に　小判。고양이한테 금화. (개발에 편자. 돼지에게 진주.)
- 猫の　手も　借りたい。고양이 손이라도 빌리고 싶다. (너무 바쁘다.)
- 能ある　鷹は　爪を　隠す。힘 있는 매는 발톱을 감춘다.
  (진짜 실력이 있는 사람은 함부로 자기 자랑은 하지 않는다.)

- 腹(はら)が　へっては　戦(いくさ)が　できぬ。시장하면 싸울 수 없다. (배가 고프면 아무 일도 할 수 없다.)

- 火(ひ)の　ない　ところに　煙(けむり)は　たたぬ。불이 없는 곳에 연기가 나지 않는다.
  (아니 땐 굴뚝에 연기 나랴?)

- 貧乏(びんぼう)　暇(ひま)なし。가난뱅이 쉴 틈이 없다.(별일도 없이 바쁘다)

- 負(ま)けるが　勝(か)ち。지는 게 이기는 것.

- 目(め)くそ　鼻(はな)くそを　笑(わら)う。눈곱이 코딱지를 비웃는다. (똥 묻은 개가 겨 묻은 개를 흉본다.)

- 安物買(やすものが)いの　銭(ぜに)　失(うしな)い。싸구려를 사는 건 돈을 버리는 일. (싼 게 비지떡.)

- 笑(わら)う　門(かど)には　福(ふく)　来(きた)る。웃는 집에 복이 온다. (소문만복래.)

선물에도 이름이 따로 있어요

축하할 일이 생겼을 때나 감사의 마음을 전할 때 선물을 주는 것은 일본이나 우리나라나 같지만, 일본에서는 선물의 명칭이 목적에 따라 조금씩 다릅니다. 입학이나 생일 등 일반적으로 주는 선물은 「プレゼント」, 또는 「贈り物(おくりもの)」라고 하고요, 여행지에서 그 지방의 특산물을 사 오는 기념품과 같은 선물은 「御土産(おみやげ)」라고 합니다. 일본에서는 시기에 맞춰서 고마운 분들께 선물을 보내는데요, 평소 은혜에 감사하여 연말에 주는 선물을 「御歳暮(おせいぼ)」, 연초 인사로 주는 선물을 「御年賀(おねんが)」, 무더운 여름에 보내는 선물을 「御中元(おちゅうげん)」이라고 한답니다. 이때가 되면 백화점이나 마트에서는 다양한 상품을 내놓는데요 주로 5000~30000엔 정도의 것으로 일본술이나 쥬스세트, 맥주세트, 요리기름세트, 햄, 일본과자, 세제 등을 보낸답니다.

いつもいっしょだったワタシたちも、それぞれの道へ。
みんなで行った旅行の想い出が、今、きれいなプリントになって
ワタシの毎日に勇気をくれる。

'はじめよう'는 '시작하자, 시작해야지'라는 권유 · 의지의 표현이랍니다.

Let's MEGA!

ココロ・トキメク
新ケータイ生活、はじめよう！

毎日持ち歩くケータイで、プリント画質の写真が
撮れるようになりました。その場の空気、キブン、臨場感を
美しく再現します。なにげないひとときから、大切な出来事、
想い出になる瞬間も、このケータイで撮りたくなるはず。

もっと撮ることが楽しくなる、もっと誰かに伝えたくなる。
ココロ・トキメク、新しいケータイ生活へ。
A5401CA、CASIOから
変わります。

COMMUNICATION, ALIVE!

ムービーメール対応 A5401CA CDMA 2000 1X au by KDDI

＊au初＊124万画素メガピクセルケータイ誕生

◎メガピクセルケータイで撮った初めての写真集「Mie☆Days」全国書店にて発売中！

03

泣いて ばかり いる そうです。

울기만 하고 있다고 합니다.

주요 문법내용

- 〔동〕た ばかりだ
- 〔명〕+ばかり／〔동〕て ばかり いる
- 〔동〕ことに する

Warming up

息子(むすこ)　葬式(そうしき)　亡(な)くなる　先々週(せんせんしゅう)　暴走族(ぼうそうぞく)　お気(き)の毒(どく)　奥(おく)さん

限(かぎ)る　先月(せんげつ)　倒産(とうさん)　危機(きき)　乗(の)り越(こ)える　お宅(たく)　オートバイ(autobicycle)

회화 술술 말하기 13

A：最近(さいきん)、山口(やまぐち)さんに　何(なに)か　あったんですか。

　　顔色(かおいろ)が　よく　ないですね。

B：えっ？　知(し)らないんですか。息子(むすこ)さんの　お葬式(そうしき)が

　　終(お)わった　ばかりなんですよ。

A：えっ？　息子さんが　亡(な)くなったんですか。いつですか。

B：先々週(せんせんしゅう)の　土曜日(どようび)、暴走族(ぼうそうぞく)の　オートバイと　ぶつかって、

　　交通事故(こうつうじこ)で……。

A：そうだったんですか。お気(き)の毒(どく)ですね。

　　おととい　韓国(かんこく)から　帰(かえ)って　きた　ばかりで、

　　全然(ぜんぜん)　知(し)りませんでした。

何か　あったんですか 무슨 일이 있었습니까?
* **息子さん(むすこさん)** (남의) 아들, 아드님 ◀자신의 아들은 息子(むすこ)
お葬式(おそうしき) 장례식
〜た　ばかりです 〜한 지 얼마 안 됩니다, 막 〜했습니다
終わった　ばかりです 끝난 지 얼마 안 됐어요, 막 끝났어요
* **亡(な)くなる** [동1] 죽다(死ぬ)의 정중표현
先々週(せんせんしゅう) 지지난주

A： 요즘 야마구치 씨에게 무슨 일이 있었나요?

안색이 안좋네요.

B： 네? 몰랐어요? 아드님 장례식이 끝난 지 얼마 안 됐어요.

A： 네? 아드님이 돌아가셨어요? 언제요?

B： 지지난주 토요일에 폭주족 오토바이에 부딪혀서 교통사고로….

A： 그랬었습니까? 정말 안됐네요.

그저께 한국에서 막 돌아왔기 때문에 전혀 몰랐습니다.

단어 쏙쏙 익히기

14

暴走族(ぼうそうぞく) 폭주족

オートバイ(autobicycle) 오토바이

ぶつかる [동1] 부딪히다, 충돌하다

お気の毒(おきのどく) 딱함, 가엾음, 불쌍함

* おととい 그저께

帰って くる 돌아오다

帰って きた ばかりで 막 돌아와서, 돌아온 지 얼마 안 되어서

B：それで、山口さん、この頃(ごろ)　お酒(さけ)ばかり　飲(の)んで　いると　いう　うわさですよ。

奥(おく)さんも　毎日(まいにち)　泣(な)いて　ばかり　いる　そうだし。

山口さんの　ような　いい　人(ひと)に　限(かぎ)って

つらい　ことが　続(つづ)くなんて、たまらないですね。

A：そうですね。先月(せんげつ)は　倒産(とうさん)の　危機(きき)を　やっと　乗(の)り越(こ)えたばかりなのに……。

これから　山口さんの　お宅(たく)に　行(い)って　みる　ことにします。

お酒ばかり　飲んで　いる 술만 마시고 있다
～と　いう ～라고 하는, ～라는
うわさ 소문
* **奥さん(おくさん)** (남의) 부인
　◀ 자신의 부인은 妻(つま) 또는 家内(かない)
泣いて　ばかり　いる 울고만 있다, 울기만 하고 있다
～の　ような ～같은, ～처럼
山口さんの　ような　いい　人 야마구치 씨처럼 좋은 사람
限る(かぎる) [동1] 제한하다, 한정하다
～に　限って ～에 한해서
つらい [イ형] 괴롭다, 모질다
～なんて ～하다니, ～따위 ◀ 강조하는 기분

B : 그래서 아마구치 씨, 요즘 술만 마신다는 소문이에요.

부인도 매일 울고 있기만 하다고 하고. 아마구치 씨처럼 좋은 사람에게 괴로운 일이 계속 되다니, 견딜 수가 없군요.

A : 그렇네요. 지난 달은 도산 위기를 가까스로 극복했는데….

지금부터 야마구치 씨 댁에 가보도록 하겠습니다.

단어 쏙쏙 익히기 14

続くなんて 계속되다니
たまらない [イ형] 견딜 수 없다, 참을 수 없다, 곤란하다
* **先月**(せんげつ) 지난달
倒産(とうさん) 도산, 부도
危機(きき) 위기
* **やっと** 겨우, 가까스로, 간신히
乗り越える(のりこえる) [동2] 극복하다, 뛰어넘다
乗り越えた ばかりなのに 극복한 지 얼마 안 됐는데
* **お宅**(おたく) (남의) 집, 댁
～ことに する ~하기로 하다
行って みる ことに する 가 보기로 하다

01 〔동〕た ばかりです。 막 ~했습니다.

- 「동사 보통체 과거형+ばかりです」는 '막 ~했습니다, ~한 지 얼마 안 되었습니다' 라는 뜻이다.
- 「~た ところです」는 어떤 일이 막 일어난 직후를, 「~た ばかりです」는 어떤 일이 일어난 직후를 포함하여 시간적으로 얼마 지나지 않았음을 나타낸다.
  즉, 한국에 온 지 며칠 안 되는 일본인이 있다고 하자. 그때는「この 人は 韓国に 来た ばかりです」라고는 해도「この 人は 韓国に 来た ところです」라고는 하지 않는다.

葬式(そうしき)が 終(お)わった **ばかり**なんです。 장례식이 끝난 지 얼마 안 되었습니다.

おととい 韓国(かんこく)から 帰(かえ)って き**た ばかり**です。
그저께 한국에서 막 돌아왔습니다.

ごはん 食(た)べましたか。 밥 먹었어요?

— さっき 食べ**た ばかり**です。 좀 전에 막 먹었어요.

02 〔명〕+ ばかり

① ~정도, ~쯤, ~가량 ▶ 정도
② ~만, ~뿐 ▶ 한정

- 명사에 「ばかり」를 붙이면 단순히 정도를 나타내는 경우와 '그것만 있다, 그것 말고는 없다' 라는 한정을 나타내는 경우 두 가지가 있다.

2時間(にじかん)**ばかり** 休(やす)みました。 2시간 정도 쉬었습니다.

5千ウォン**ばかり** かかりました。 5,000원 정도 들었습니다.

お酒(さけ)**ばかり** 飲(の)んで います。 술만 마시고 있습니다.

マンガ**ばかり** 読(よ)まないで。 만화만 읽지 마.

03 〔동〕て　ばかり　いる。　~하고만 있다.

- 동사의 て형에 「ばかり」를 붙이면 문법 다지기 02의 두 번째 의미 한정, 즉 그 동작이나 행위만을 '계속하고 있다, 반복하고 있다'는 뜻이 된다.

毎日(まいにち)　泣(な)いて　**ばかり　いる**　そうです。
매일 울기만 하고 있답니다.

遊(あそ)んで　**ばかり　いない**で、　勉強(べんきょう)でも　しろ。
놀기만 하지 말고, 공부라도 해라.

04 〔동〕+ ことに　する。　~하기로 하다.

- 「동사의 기본형+ことに　する」는 '~하기로 하다'라는 뜻이다.
- 「~ことに　しました」는 '어떤 결심을 했다'라는 뜻이고, 「~ことに　して　います」는 '~기로 하고 있습니다'라는 뜻으로, 습관적으로 행하고 있음을 나타낸다.

山口(やまぐち)さんの　お宅(たく)に　行(い)って　みる　**ことに　します。**
야마구치 씨 댁에 가 보기로 하겠습니다.

健康(けんこう)の　ため、お酒と　たばこを　やめる　**ことに　しました。**
건강을 위해서 술과 담배를 끊기로 했습니다.

彼(かれ)には　会(あ)わない　**ことに　しました。**
그와는 만나지 않기로 했습니다.

日曜日(にちようび)は　家庭(かてい)サービスを　する　**ことに　して　います。**
일요일에는 가정 서비스를 하기로 하고 있습니다.

문법 꽉꽉 다지기

05 ~なんて

~라니, ~하다니, ~따위

- 「なんて」가 명사 뒤에 쓰이면, 그 명사(의 내용)를 무시하거나 가볍게 여기는 기분을 나타낸다.
- 동사 뒤에 오면 그 동사의 내용이 뜻밖이라거나 놀람 · 참을 수 없음을 나타낸다.

勉強**なんて**、大嫌(だいきら)いだ。

공부 따위, 딱 질색이다.

結婚(けっこん)**なんて**、したく　ありません。

결혼 따위, 하고 싶지 않습니다.

山口さんに　つらい　ことが　続(つづ)く**なんて**、たまらないですね。

야마구치 씨에게 괴로운 일만 계속되다니, 견딜 수 없군요.

アフリカ旅行(りょこう)が　できる**なんて**、うらやましい。

아프리카 여행을 할 수 있다니, 부럽다.

명사 뒤에 쓰이는 なんて는 '~따위' 라는 뜻이지요? 일상회화에서 많이 쓰이는 표현이니 꼭 익혀서 사용해 보세요~

일본의 국경일

1月(いちがつ)・睦月(むつき)*	2月(にがつ)・如月(きさらぎ)*	3月(さんがつ)・弥生(やよい)*
1日 元日(がんじつ), お正月(しょうがつ) (설날) 두 번째 월요일 成人(せいじん)の日(ひ) (성인의 날)	11日 建国記念日(けんこくきねんび) (건국기념일)	20日경 春分(しゅんぶん)の日(ひ) (춘분)
4月(しがつ)・卯月(うづき)*	**5月(ごがつ)・皐月(さつき)***	**6月(ろくがつ)・水無月(みなづき)***
29日 みどりの日(ひ) (녹색의 날) 4月 29日～5月 5日 ゴールデン・ウィーク (황금 연휴)	3日 憲法記念日(けんぽうきねんび) (헌법기념일) 4日 国民(こくみん)の休日(きゅうじつ) (국민 휴일) 5日 こどもの日(ひ) (어린이날)	
7月(しちがつ)・文月(ふみづき)*	**8月(はちがつ)・葉月(はづき)***	**9月(くがつ)・長月(ながつき)***
세 번째 월요일 海(うみ)の日(ひ) (바다의 날)		세 번째 월요일 敬老(けいろう)の日(ひ) (경로의 날) 23日경 秋分(しゅうぶん)の日(ひ) (추분)
10月(がつ)・神無月(かんなづき)*	**11月(がつ)・霜月(しもつき)***	**12月(がつ)・師走(しわす)***
두 번째 월요일 体育(たいいく)の日(ひ) (체육의 날)	3日 文化(ぶんか)の日(ひ) (문화의 날) 23日 勤労感謝(きんろうかんしゃ)の日(ひ) (근로감사의 날)	23日 天皇誕生日(てんのうたんじょうび) (천황탄생일)

＊각 달을 일컫는 예스러운 말이며, 10월의 「神無月」는 「かみなづき」라고도 읽는다.

실력 팍팍 키우기

01 보기와 같이 대답해 보자.

보기 ▸▸ いつ　来ましたか。
➡ きのう　来た　ばかりです。

(1) 

昼ご飯を　食べに　行きませんか。

➡ さっき＿＿＿＿＿＿＿＿＿＿＿＿＿＿＿＿＿＿＿＿＿＿。

(2) 

いつ　日本に　行きましたか。

➡ 先週＿＿＿＿＿＿＿＿＿＿＿＿＿＿＿＿＿＿＿＿＿＿。

(3) 

その　話を　いつ　聞きましたか。

➡ おととい＿＿＿＿＿＿＿＿＿＿＿＿＿＿＿＿＿＿＿＿＿。

02 본문 내용에 맞추어 「~ばかり」를 넣어 대답해 보자.

(1) 

山口さんは　最近　どう　して　いますか。[お酒]

➡ ＿＿＿＿＿＿＿＿＿＿＿＿＿＿＿＿＿＿＿＿＿＿＿＿。

(2) 

奥さんは　どう　して　いますか。[泣く]

➡ ＿＿＿＿＿＿＿＿＿＿＿＿＿＿＿＿＿＿＿＿＿＿＿＿。

(3) 

この　人が　葬式の　ことを　知らないのは　なぜですか。
[おととい　帰って　来る]

➡ ＿＿＿＿＿＿＿＿＿＿＿＿＿＿＿＿＿＿＿＿＿＿＿＿。

03 CD의 내용을 받아 쓰고 대답해 보자. (～た ばかり를 사용해서) 15

(1) [10分　前に　終わる]

Q : ________________________________。

A : ________________________________。

(2) [昨日、始まる]

Q : ________________________________。

A : ________________________________。

(3) [さっき]

Q : ________________________________。

A : ________________________________。

天気(てんき)와 날씨

てんきが さむいですね 날씨가 춥군요?

は? 네에?

ええ。 예에.

날씨가 춥다는 말을 야마자키 군이 얼른 알아듣지 못한 이유는 뭘까? 일본어의 てんき는 날씨란 뜻이긴 하다. 그런데 '하늘의 기'라는 한자말 그대로 하늘의 상태를 가리킨다. 그래서 てんき란 말 뒤에는 いい(좋다)와 わるい(나쁘다) 두 가지 형용사만 쓴다. 날씨가 좋으면 てんきが いい, 흐리거나 비라도 올 듯 하면 てんきが わるい다. 덥거나 춥다, 따뜻하다 등 기온과는 관계가 없다. 날씨가 추우면 그냥 寒(さむ)いですね, 더우면 暑(あつ)いですね라고 하면된다.

大阪(おおさか) 사람들은 먹다가 망한다?

일본어에 「大阪(おおさか)の食(く)い倒(だお)れ、京(きょう)の着倒れ(きだおれ)」라는 말이 있는데요, 이것을 직역하면, '오사카의 사람들은 먹는 것 때문에 쓰러지고, 교토의 사람들은 입는 것 때문에 쓰러진다'는 말입니다. 물론 오사카와 교토에 사는 사람들이 정말로 그렇다는 의미가 아니라, 오사카는 그 만큼 맛있는 음식들로 유명하고 교토는 아름다운 옷들로 유명하다는데서 나온 말입니다. 옛날의 수도였던 교토는 예전부터 옷감이 많이 발달해 있어서 의복이 발달하게 되었으며, 교토와 인접해 있는 오사카는 교토의 입구로서 전국에서 여러사람이 많이 모여들었기 때문에 다양한 음식들이 발달할 수 있었는데요, 「江戸時代(えどじだい) : 에도시대」에는 「天下(てんか)の台所(だいどころ) : 천하의 부엌」라고 불릴 정도로 음식문화가 많이 발달했다고 합니다. 그 중에서도 오사카의 「たこやき」와 「お好(この)み焼(やき)」는 오사카의 대표음식이랍니다. 참고로 「東京(とうきょう)のラッシュアワーで人倒れ(ひとだおれ)」라는 말이 있는데요, 이것은 '도쿄의 교통체증으로 사람이 쓰러진다'는 뜻으로 도쿄에 사람이 많음을 비유한 말입니다.

04

書けない 漢字が ある。

쓰지 못하는 한자가 있다.

주요 문법내용

- 동사의 가능표현
- ～らしい
- ～みたい

Warming up

夫婦(ふうふ)　別(わか)れる　泣(な)き声(ごえ)　聞(き)こえる　ご主人(しゅじん)　愛人(あいじん)　練習(れんしゅう)

営業部(えいぎょうぶ)　漢字(かんじ)　発音(はつおん)　新聞(しんぶん)　カタカナ　ベランダ(veranda)

회화 술술 말하기 1 16

A : 隣(となり)の　夫婦(ふうふ)、別(わか)れるらしいですよ。

B : どうして　そんな　ことが　わかるんですか。

A : 泣(な)き声(ごえ)が　聞(き)こえて、ベランダに　出(で)て　みたら、

奥(おく)さんが　泣(な)いて　いたんです。

どうも　ご主人(しゅじん)に　愛人(あいじん)が　できたらしいですよ。

B : へえ、奥さんも　やさしいし、ご主人も　まじめに

見えるのにね……。

夫婦(ふうふ) 부부
* **別れる**(わかれる) [동2] 헤어지다, 이별하다, 이혼하다
～らしい ~인 듯하다, ~인 모양이다
こと 일, 것
* **わかる** [동1] 알 수 있다 ◀わかる는 단어 자체에 가능의 의미가 있다.

泣き声(なきごえ) 우는 소리
* **聞える**(きこえる) [동2] 들리다
ベランダ(veranda) 베란다
出て　みる 나가 보다
どうも 아무래도

A : 이웃집 부부, 헤어질 것 같아요.

B : 어떻게 그런 걸 알 수 있어요?

A : 울음소리가 들려서 베란다에 나가 봤더니, 사모님이 울고 있었어요.
아무래도 그 댁 남편에게 정부가 생긴 것 같아요.

B : 저런, 사모님도 상냥하고 남편도 성실하게 보이는데….

단어 쏙쏙 익히기 17

* ご主人(ごしゅじん) (남의) 남편
  ◀자신의 남편은 主人(しゅじん)
  愛人(あいじん) 정부 ◀우리말의 애인은 恋人(こいびと)라고 한다.
* できる [동2] 생기다
  愛人が　できた 정부가 생겼다
  へえ 허, 저런 ◀놀랐을 때
* まじめだ [ナ형] 성실하다, 진지하다
* ～に　見える(みえる) ～하게 보이다
* まじめに　見える 성실하게 보이다

A：まだ　練習(れんしゅう)して　いるんですか。

B：ええ、早(はや)く　営業部(えいぎょうぶ)の　パクさんみたいに
上手(じょうず)に　なりたいです。

A：ひらがな、カタカナは　もう　全部(ぜんぶ)　書(か)けますよね。

B：ええ。でも、書けない　漢字(かんじ)が　たくさん　あるし、
発音(はつおん)も　よく　ないし……。

A：新聞(しんぶん)は　どのくらい　読(よ)めますか。

B：雑誌(ざっし)なら　少し　わかりますが、
新聞は　まだまだ……。

A：その　うち　できるように　なりますから、
がんばって　ください。

* **練習**(れんしゅう)　연습
営業部(えいぎょうぶ)　영업부
～みたい　~인 것 같다, ~인 모양이다 ◀ようだ와 같은 의미로 사용한다.
～みたいに　~처럼
* **ひらがな**　히라가나
* **カタカナ**　가타카나
書ける(かける)　[동2] 쓸 수 있다 ◀書く의 가능형

A : 아직도 연습하고 있는 거에요?

B : 네, 빨리 영업부의 박(아무개) 씨처럼 능숙해지고 싶어요.

A : 히라가나, 가타카나는 이제 전부 쓸 수 있지요?

B : 네, 하지만 쓰지 못하는 한자가 많이 있고, 발음도 좋지 않고…….

A : 신문은 어느 정도 읽을 수 있어요?

B : 잡지라면 조금 알겠는데, 신문은 아직….

A : 머지않아 잘하게 될 테니까, 열심히 하세요.

단어 쏙쏙 익히기

19

- * **しかし** 그러나
- * **漢字**(かんじ) 한자
- * **発音**(はつおん) 발음
- * **新聞**(しんぶん) 신문
- **読める**(よめる) [동2] 읽을 수 있다 ◀読む의 가능형
- **まだまだ** 아직 ◀まだ를 강조한 말
- **その　うち** 머지않아, 일간
- **～ように　なる** ~(하)게 되다

문법 꽉꽉 다지기

01 ～らしいです。 ～인 모양입니다. ～ㄹ 것 같습니다.

- 「～らしい」는 '～일 것 같다, ～인 모양이다' 라는 뜻으로, 「～ようだ」와 비슷한 의미로 사용된다. 특히 「～らしい」는 사실이라고 단언할 수 없지만, 객관적인 근거(주관적인 판단이 아닌 그 당시 상황이나 각종 정보)에 의해 충분히 사실일 것이라고 판단될 때 사용한다.
- 「～らしい」는 명사에 접속되어 하나의 형용사를 만드는 접미사 역할을 하는 경우도 있는데, 이것은 우리말의 '～답다' 에 해당한다.

예 男(おとこ)らしい (남자답다)　　女(おんな)らしい (여자답다)

隣(となり)の　夫婦(ふうふ)が　別(わか)れる**らしいです。**
옆집 부부가 헤어지는 모양이에요(헤어질 것 같아요).

ベンツを　持(も)って　いるのを　見(み)ると、先生(せんせい)は　金持(かねも)ち**らしい。**
벤츠를 가지고 있는 것을 보면 선생님은 부자인 모양이다.

キムさんの　話(はなし)を　聞(き)くと、映画(えいが)は　おもしろかった**らしい。**
김(아무개) 씨의 이야기를 들으니 영화는 재미있었던 모양이다.

泣(な)いて　いた**らしくて**、目(め)が　赤(あか)く　なって　いる。
울고 있었던 모양인지, 눈이 붉어져 있다.

02 ～みたいに ～처럼 / ～みたいだ。 ～인 듯하다.

- 「～みたいだ」는 회화체에서 많이 사용하는데, 「～ようだ」와 의미 · 접속 방법이 같다. 단 명사에는 「～の」 없이 그대로 접속한다. 여성들은 어미 「だ」를 쓰지 않고 「～みたい」로만 말하는 경우가 많다.
- 「～みたいに」는 부사적으로 쓰인다.

パクさん**みたいに**　日本語(にほんご)が　上手(じょうず)に　なりたい。
박씨처럼 일본어를 잘 하고 싶다.

彼(かれ)は　**棒(ぼう)みたいに**　やせて　います。
그는 막대기처럼 말랐습니다.

うれしい！　まるで　**夢(ゆめ)みたい**。
기뻐! 마치 꿈 같아.

03 ～が　できる。　～(일 · 사람)이/가 생기다. ~으로 되어 있다.

- 「できる」에는 여러 가지 용법이 있다. (☞ 3권-9과)

  ① ~을 할 수 있다.
  ② ~이/가 생기다.
  ③ ~으로 되어 있다.

ご主人(しゅじん)に　**愛人(あいじん)が**　**できた**らしいです。
남편분에게 정부가 생긴 것 같아요.

用事(ようじ)が　**できました**から、すぐ　帰(かえ)らなければ　なりません。
일이 생겼기 때문에 곧 돌아가지 않으면 안 됩니다.

近所(きんじょ)に　コンビニ**が**　たくさん　**できた**。
근처에 편의점이 많이 생겼다.

この　かばんは　ビニールで　**できて　いる**。
이 가방은 비닐로 만들어졌다.

04 가능동사 · 가능표현　～eる · られる　～(일 · 사람)이/가 생기다. ~으로 되어 있다.

- 2그룹 동사의 가능표현은 「～られる」이지만, 요즈음에는 「～れる」를 사용하는 일본인이 늘고 있다.
  예 見られる　→　見れる　　　食べられる　→　食べれる
  또 「来られる」를 「来れる」로 사용하는 일본인도 많다. 이것을 특히 「ら抜(ぬ)き言葉(ことば)」라고 한다.
- 모든 가능동사(가능표현)는 원래의 동사와 상관없이 2그룹 동사로 바뀌고 조사도 「を」에서 「が」로 바뀐다.

문법 꽉꽉 다지기

- '할 수 있다' 라는 가능을 말할 때는 「동사의 기본형 + ことが できる」나 동사의 가능표현을 사용한다.
- 존재를 나타내는 ある나 ない의 가능표현은 없다.

[1그룹 동사] 기본형 끝의 「う段」음을 「え段」음으로 바꾸고 「る」를 붙임	かく ➡ かける (かきくけこ) (쓰다) (쓸 수 있다) はなす ➡ はなせる (さしすせそ) (이야기하다) (이야기할 수 있다) よむ ➡ よめる (まみむめも) (읽다) (읽을 수 있다) かえる ➡ かえれる (らりるれろ) (돌아가다) (돌아갈 수 있다) 예외) ある ➡ (×) あれる (있다)
[2그룹 동사] 기본형 끝의 「る」를 없애고 「られる」를 붙임	みる (보다) ➡ みられる (볼 수 있다) たべる (먹다) ➡ たべられる (먹을 수 있다)
[3그룹 동사] 외운다	くる (오다) ➡ こられる (올 수 있다) する (하다) ➡ できる (할 수 있다)

ひらがな、カタカナが　全部(ぜんぶ)　**書けます。**

= ひらがな、カタカナを　全部　書く　**ことが　できます。**

히라가나, 가타카나를 전부 쓸 수 있습니다.

わからない　言葉(ことば)が　多(おお)いから、新聞(しんぶん)は　**読(よ)めません。**

모르는 말이 많아서, 신문은 못 읽습니다.

冬(ふゆ)は、朝(あさ)　早(はや)く　**起(お)きられません。**

겨울에는 아침 일찍 일어날 수 없습니다.

佐藤(さとう)さんは　韓国語(かんこくご)が　**できます。**

사토 씨는 한국어를 할 수 있습니다.

05 [동] 가능형 + ように なる。 ~할 수 있게 되다

- 「동사의 가능형+ように なる」는 '~할 수 있게 되다' 라는 뜻으로, 능력의 변화를 나타낸다.

その うち できる**ように なります。**
머지않아 할 수 있게 됩니다.

日本語が 上手に 話(はな)せる**ように なりたい。**
일본어를 능숙하게 말할 수 있게 되고 싶다.

うちの 子(こ)は 1歳(いっさい)で 歩(ある)ける**ように なりました。**
우리집 아이는 한 살에 걸을 수 있게 되었습니다.

辛(から)い キムチが 食(た)べられる**ように なった。**
매운 김치를 먹을 수 있게 되었다.

耐える는 '참다, 견디다' 라는 뜻의 2그룹동사입니다. 가능형으로 바꾸면 耐えられる가 되겠지요?

실력 팍팍 키우기

01 보기와 같이 말해 보자.

보기 ▶▶ **見る** ➡ 見られる
使う ➡ 使える

(1) 行く ➡ ______________　　(2) 読む ➡ ______________

(3) 習う ➡ ______________　　(4) 来る ➡ ______________

(5) 話す ➡ ______________　　(6) する ➡ ______________

(7) 食べる ➡ ______________　　(8) 起きる ➡ ______________

(9) 帰る ➡ ______________　　(10) わかる ➡ ______________

02 보기와 같이 말해 보자.

보기 ▶▶ **早く　起きる** ➡ 早く　起きられます。
➡ 早く　起きる　ことが　できます。

(1) 

日本語を　話す。

➡ ______________________________。

➡ ______________________________。

(2) 

あした　ここに　来る。

➡ ______________________________。

➡ ______________________________。

(3) 

英語で　手紙を　書く。

➡ ______________________________。

➡ ______________________________。

(4)  歌を　歌う。

➡ ______________________________。

➡ ______________________________。

03 「らしい」를 사용하여 문장을 완성해 보자.

(1)  あしたは　雨が______________________です。[降る]

(2)  ベンツを　持って　いるのを　見ると　____________です。[金持ち]

(3)  隣の　夫婦が______________________です。[別れる]

04 CD의 내용을 받아 쓰고 대답해 보자. 20

(1) [ええ]

Q : ______________________________。

A : ______________________________。

(2) [まだ]

Q : ______________________________。

A : ______________________________。

(3) Q : ______________________________。

A : ______________________________。

「奈良公園(ならこうえん)」 나라공원

일본 나라(奈良)에 있는 「奈良公園」은 1880년에 세워진 공원으로, 푸른 잔디 위에 약 천여마리의 사슴들이 뛰어노닐고 있는 사슴공원으로도 유명합니다. 사슴들에게 가까이 가도 사람들을 두려워하지 않고, 공원 곳곳에서 파는 「鹿(しか)せんべい」라는 사슴 과자를 주려고 하면 몇 마리씩 바로 앞까지 다가와 과자를 먹는답니다. 또, 「奈良公園」에는 「東大寺(とうだいじ)」, 「興福寺(こうふくじ)」, 「春日大社(かすがたいしゃ)」 등 역사적 유물들이 잘 보존되어 있는데요, 奈良의 여러 문화재들은 세계유산으로 정해져 있답니다. 東大寺에는 「奈良の大仏(ならのだいぶつ)」로 잘 알려져 있는 커다란 대불상이 있는데요, 높이가 14.7m로 세계 최대 금동상입니다

05

彼女が くれたんですよ。

여자친구가 주었어요.

주요 문법내용

- 수수(授受)동사 あげる・くれる・もらう
- 수수(授受)동사 さしあげる・くださる・いただく
- ～って

Warming up

木村(きむら) 昨日(きのう) 原(はら) 韓国語(かんこくご) 義理(ぎり) 指輪(ゆびわ) 給料(きゅうりょう) 2倍(にばい)

ネクタイ(necktie) バレンタイン・デー(Valentine's Day)

チョコ(chocolate) チョコレート(chocolate)

ホワイト・デー(White Day) ティファニー(Tiffany)

회화 술술 말하기 21

高橋(たかはし)：すてきな　ネクタイですね。買(か)ったんですか。

木村(きむら)：いいえ、昨日(きのう)が　バレンタイン・デーだったでしょう。
彼女(かのじょ)が　くれたんですよ。

高橋：そうですか。原(はら)さんは　何(なに)を　もらいましたか。

原　：ぼくは　バレンタイン・デーなんて、ばかばかしいと
思(おも)います。

高橋：あら、原さんは　何も　もらえなかった　ようですね。

原　：実(じつ)は　そうなんです。韓国語(かんこくご)の　キム先生(せんせい)から
義理(ぎり)チョコを　いただいた　だけなんです。

* **ネクタイ**(necktie) 넥타이
木村(きむら) [인] 기무라 ◀일본인의 성
* **昨日**(きのう) 어제
バレンタイン・デー(Valentine's Day) 발렌타인데이, 2월 14일
彼女(かのじょ) ◀3인칭 대명사로 쓰일 때는 '그녀' 이지만, 여기서는 '여자 친구, 애인' 이란 뜻.
* **くれる** [동2] (나에게) 주다
くれたんですよ 주었거든요
原(はら) [인] 하라 ◀일본인의 성

다카하시 : 멋진 넥타이네요. 산거예요?

기무라 : 아뇨. 어제가 발렌타인데이였잖아요.
여자친구가 줬어요.

다카하시 : 그래요? 하라 씨는 뭘 받았어요?

하라 : 저는 발렌타인데이 같은 건 어리석다고 생각해요.

다카하시 : 어머, 하라 씨는 아무것도 받지 못한 모양이네요.

하라 : 실은 그래요. 한국어(를 가르치는) 김 선생님한테 의리 초콜릿을 받았을 뿐이에요

단어 쏙쏙 익히기 22

ばかばかしい [イ형] 어리석다, 시시하다

あら 어머 ◀여성이 쓰는 감탄사

もらえる [동2] 받을 수 있다 ◀もらう의 가능형

もらえなかった ようですね 받지 못했던 것 같군요

そうなんです 그래요

韓国語(かんこくご) 한국어

~から ~로부터, ~에게서

義理チョコ(ぎりチョコ) 의리 초콜릿, 발렌타인데이에 특별히 좋아하지 않아도 의리상 주는 초콜릿

* **いただく** [동1] 받다 ◀もらう의 겸양어

いただいた だけなんです 받았을 뿐이에요

木村：キム先生は　ぼくにも　チョコレートを　くださいましたよ。
じゃ、ホワイト・デーには、先生に　何か　さしあげましょう。

高橋：それより　韓国語を　もっと　まじめに　勉強(べんきょう)した　ほうが　いいんじゃ　ない？
ところで、木村さん、彼女(かのじょ)には　何を　あげる　つもりですか。

木村：彼女は　ティファニーの　指輪(ゆびわ)が　ほしいと　言(い)って　いますが、それって、いくらぐらい　しますか。

高橋：さあ、かなり　高(たか)いでしょう。
あなたの　給料(きゅうりょう)の　２倍(にばい)くらい……。

木村：えっ！　そんなに　高いんですか……。

チョコレート(chocolate) 초콜릿
* **くださる** [동1] 주시다 ◀くれる의 높임말. ます형은 くださります가 아니라 **くださいます**이다.

ホワイト·デー(White Day) 화이트데이, 3월 14일
* **さしあげる** [동2] 드리다 ◀あげる의 겸양어

いいんじゃ　ない？ 좋지 않아?
* **あげる** [동2] (상대에게) 주다

기무라 : 김 선생님은 저에게도 초콜릿을 주셨어요.
그럼, 화이트데이에는 선생님께 뭔가 드립시다.

다카하시 : 그것보다 한국어를 더 성실하게 공부하는 게 좋지 않나?
그건 그렇고 기무라 씨, 여자친구 한테는 뭘 줄 생각인가요?

기무라 : 그녀는 티파니의 반지를 갖고 싶다고 하는데, 그건 얼마정도 합니까?

다카하시 : 글쎄, 꽤 비쌀걸요.
당신 월급의 2 배 정도….

기무라 : 엣! 그렇게 비싼가요….

단어 쏙쏙 익히기 22

* **~つもり** ~할 작정, ~할 예정
ティファニー(Tiffany) 티파니 ◀보석 브랜드 이름
* **指輪(ゆびわ)** 반지
~って ~라는 것은, ~란 건
かなり 상당히, 꽤
給料(きゅうりょう) 급여, 월급
* **~倍(ばい)** ~배

01 あげる・くれる・もらう

▶ '주다' '받다' 라는 뜻의 수수(授受)동사

나 → 남 (あげる)	나は　남に　~を　あげる (나는 남에게 ~을/를 주다)
나 ← 남 (くれる)	남は　나に　~を　くれる (남이 나에게(로부터) ~을/를 주다)
나 ← 남 (もらう)	私は　나に(=から)　~を　もらう (나는 남에게(로부터) ~을/를 받다)

私は　松本(まつもと)さんに　ネクタイを　あげました。
나는 마츠모토 씨에게 넥타이를 주었습니다.

松本さんは　私に　指輪(ゆびわ)を　くれました。
마츠모토 씨는 나에게 반지를 주었습니다.

私は　松本さんに　指輪を　もらいました。
나는 마츠모토 씨에게 반지를 받았습니다.

- '주다' 라는 뜻의 「やる」는 동등한 사이나 손아랫사람에게 사용할 수 있다. 그러나 아주 허물없는 사이가 아니면 거의 쓰지 않으며, 주로 동물이나 식물에 대해서 사용한다.

  お母さんは　猫(ねこ)に　ご飯(はん)を　やります。
  어머니는 고양이에게 밥을 줍니다.

02 さしあげる・くださる・いただく

▶ '드리다' '주시다' '받다' 라는 뜻의 수수(授受)동사

나 → 남 (さしあげる)	나は　남に　~を　さしあげる (나는 남에게 ~을/를 드리다)
나 ← 남 (くださる)	남は　나に　~を　くださる (남이 나에게 ~을 주시다)
나 ← 남 (いただく)	나は　남に(=から)　~を　いただく (나는 남에게(로부터) ~을/를 받다)

私は　先生(せんせい)に　本(ほん)を　さしあげました。저는 선생님께 책을 드렸습니다.

先生は　私に　雑誌(ざっし)を　くださいました。선생님은 저에게 잡지를 주셨습니다.

私は　先生に　雑誌を　いただきました。저는 선생님께 잡지를 받았습니다.

03 「나(ウチ)」와「남(ソト)」의 개념

- '나(ウチ)' 는 나를 비롯한 나의 가족, 나의 회사(사람), 더 친근하게 느끼는 쪽, 자신의 입장에서 말하는 쪽 등을 포함하며, '남(ソト)' 은 '나(ウチ)' 이외의 사람들을 말한다.

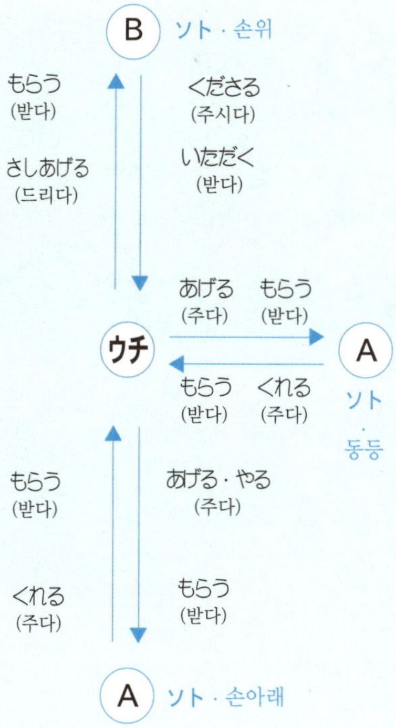

ウチは　Aに　~を　あげる(やる)
(나는 A에게 ~을/를 주다)
ウチは　Bに　~を　さしあげる
(나는 B에게 ~을/를 드리다)

Aは　ウチに　~を　くれる
(A는 나에게 ~을/를 주다)
Bは　ウチに　~を　くださる
(B는 나에게 ~을/를 주시다)

ウチは　Aに(=から)　~を　もらう
(나는 A에게(로부터) ~을/를 받다)
ウチは　Bに(=から)　~を　いただく
(나는 B에게(로부터) ~을/를 받다)

Aは　ウチに(=から)　~を　もらう
(A는 나에게(로부터) ~을/를 받다)
Bは　ウチに(=から)　~を　もらう
(B는 나에게(로부터) ~을/를 받다)

우리 가족과 우리 가족 외

私(わたし)は 私の 妹(いもうと)に ジュースを あげました。
나는 내 여동생에게 주스를 주었습니다.

私の 友達(ともだち)は 私の 妹に ジュースを くれました。
내 친구는 내 여동생에게 주스를 주었습니다.

우리 회사와 우리 회사 외

うちの 社長(しゃちょう)は 田中(たなか)社長に プレゼントを さしあげました。
우리 사장님은 다나까 사장님에게 선물을 드렸습니다.

田中社長は うちの 社長に プレゼントを くださいました。
다나까 사장님은 우리 사장님에게 선물을 주셨습니다.

어느 쪽을 더 친근하게 느끼는가

マリは ジュンに ネクタイを あげました。
마리는 준에게 넥타이를 줬습니다.(마리를 더 친근하게 느낄 때)

マリは ジュンに ネクタイを くれました。
마리는 준에게 넥타이를 줬습니다.(준을 더 친근하게 느낄 때)

누구의 입장에서 말하는가

お母(かあ)さんは 赤(あか)ちゃんに ミルクを あげます。
어머니는 아기에게 우유를 줍니다.(어머니의 입장에서 말할 때)

お母さんは 赤(あか)ちゃんに ミルクを くれます。
어머니는 아기에게 우유를 줍니다.(아기의 입장에서 말할 때)

04 ~って

① ~라는 것은(=と いうのは)
② ~라는 겁니다(=と いう ことです)
③ ~래(요)(=~そうです)

それって、いくらぐらい しますか。
그건, 얼마 정도 합니까?

ティファニーの 指輪が ほしいって……。
티파니의 반지가 갖고 싶다는데(갖고 싶다라는 것입니다)….

彼は 歩(あゆ)みが 好(す)きだって。
그는 아유미를 좋아한대요.

ロスへ 行(い)くって 本当(ほんとう)？
로스엔젤레스(LA)에 간다니 정말이야?

실력 팍팍 키우기

01 다음 단어를 알맞게 바꾸어서 ( )안에 넣어 보자.

보기▶▶	あげる	くれる	もらう
	さしあげる	くださる	いただく

(1)  先生は　昨日　私に　シャープペンを　(　　　　　　　)。

(2)  私は　友達から　イヤリングを　(　　　　　　　)。

(3)  これは　キムさんから　(　　　　　　　)　ライターです。

(4)  むすこが　私に　(　　　　　　　)　時計は　これです。

(5)  韓国語の　先生に　何を　(　　　　　　　)。

(6)  社長から　(　　　　　　　)　ものは　ボーナスです。

(7)  週に　2回ぐらい　水を　(　　　　　　　)　ほうが
いいです。

실력 팍팍 키우기

02 **다음을 일본어로 옮겨 보자.**

(1) 

김 선생님은 학생에게 잡지를 주셨습니다.

➡ ______________________________。

(2) 

나는 친구에게 휴대폰을 줄 작정입니다.

➡ ______________________________。

(3) 

친구한테 받은 사전을 남동생에게 주었습니다.

➡ ______________________________。

03 **CD의 내용을 받아 쓰고 대답해 보자.** 23

(1) [ネクタイ]

Q : ______________________________。

A : ______________________________。

(2) [バラの　花]

Q : ______________________________。

A : ______________________________。

(3) [いいえ]

Q : ______________________________。

A : ______________________________。

(4) [お金、たくさん]

Q : ______________________________。

A : ______________________________。

예절교육은 '오아시스 운동' 으로

일본 가정에서 아이들에게 하는 예절교육을 「しつけ」라고 하는데요, 우리나라의 가정교육과 많이 다르지는 않지만 일본가정에서는 '남에게 폐를 끼치지 않는 것' 을 가장 중요시 합니다. 「しつけ」 에서는 예절교육의 가장 기본이 되는 인사예절을 중요시 합니다. 기본적인 인사말인 「おはようございます : 안녕하세요」, 「ありがとうございます : 고맙습니다」, 「しつれいします : 실례합니다」, 「すみません : 미안합니다」의 각각의 앞자를 따서 「オアシス 운동」 라고 부르고 특히, 초 · 중 · 고등학교에서 오래전부터 교육활동을 하고 있으며, 지역주민들도 간판 등을 만들어서 이 운동을 추진하고 있습니다.

海(うみ)と魚(さかな)

바다와 물고기

くじら 고래	さめ 상어	たい 대구
いか 오징어	たこ 문어	あわび 전복
さわら 삼치	かき 굴	めんたい 명태

かに 게

えび 새우

こい 잉어

まぐろ 참치

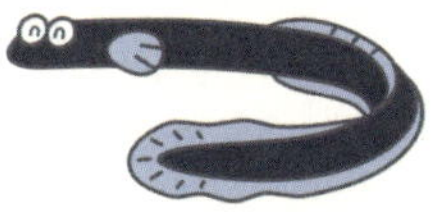

うなぎ 장어

貝(かい) 조개

ひらめ 광어

ふぐ 복어

さけ 연어

さんま 꽁치

あゆ 은어

さば 고등어

～って가 붙은 ～ですって가 의문문으로 쓰이면 '～라면서요?' 라는 뜻이 된답니다.

06

署名を して いただきました。

서명을 해 주셨습니다.

주요 문법내용

- 〔동〕て あげる／〔동〕て くれる／〔동〕て もらう
- 〔동〕て さしあげる／〔동〕て くださる／〔동〕て いただく

Warming up

お名前(なまえ)　地球(ちきゅう)　残す(のこす)　会(かい)　百万人(ひゃくまんにん)　署名(しょめい)　ご住所(じゅうしょ)　写真集(しゃしんしゅう)

送る(おくる)　環境(かんきょう)　汚染(おせん)　郵送料(ゆうそうりょう)　負担(ふたん)　カメラマン(camera man)

회화 술술 말하기 24

受付：「子供(こども)に　幸(しあわ)せな　地球(ちきゅう)を　残(のこ)して　あげよう」の会(かい)です。署名運動(しょめいうんどう)に　ご協力(きょうりょく)　お願(ねが)いします。

客　：私(わたし)も　署名を　して　さしあげたいんですが。

受付：ありがとう　ございます。

こちらに　お名前(なまえ)を　書(か)いて　くださいませんか。

客　：たくさんの　人(ひと)の　名前が　ありますね。

受付：はい、もう　百万人(ひゃくまんにん)の　方(かた)から　署名を　して　いただきました。

こちらにも　お名前と　ご住所(じゅうしょ)を　書いて　いただけませんか。

地球(ちきゅう)　지구
残す(のこす)　[동1] 남기다
~て　あげる　(남에게) ~해 주다
残して　あげよう　남겨 주자
会(かい)　회, 모임
署名(しょめい)　서명
協力(きょうりょく)　협력, 협조
お願いします(おねがいします)　부탁합니다
~て　さしあげる　(남에게) ~해 드리다
* お名前(おなまえ)　이름 ◀お는 존경의 뜻을 나타내는 접두어
~て　くださる　(나에게) ~해 주시다
~て　くださいませんか　~해 주시지 않겠습니까?

접수처 : 「아이들에게 행복한 지구를 남겨주자」라는 모임입니다.

서명운동에 협력 부탁드립니다.

손님 : 저도 서명 해 드리고 싶습니다만.

접수처 : 감사합니다.

여기에 성함을 써 주시지 않겠습니까?

손님 : 많은 사람의 이름이 있네요.

접수처 : 네, 벌써 백만 분께서 서명을 해 주셨습니다(백만 분께 서명을 해 받았습니다).

여기에도 성함과 주소를 써 주실 수 없겠습니까?

단어 쏙쏙 익히기 25

書いて　くださいませんか 써 주시지 않겠습니까?

百万人(ひゃくまんにん) 백만 인, 백만 명

百万人の　方(かた) 백만 분

～て　いただく (남에게) ~해 받다

署名を　して　いただきました 서명해 받았습니다, 서명해 주셨습니다

* **ご住所**(ごじゅうしょ) 주소

◀ご는 존경의 뜻을 나타내는 접두어

～て　いただけませんか ~해 주시지 않겠습니까?

◀~て くださいませんか보다 정중한 표현이다.

書いて　いただけませんか 써 주시지 않겠습니까?

회화 술술 말하기 24

客　：住所も、ですか。

受付：はい、住所を　書いて　くださった　方には　この写真集(しゃしんしゅう)を　お送(おく)りします。

客　：それは　何(なん)の　写真集ですか。

受付：プロの　カメラマンが　撮(と)った　環境汚染(かんきょうおせん)の　写真集です。

客　：それを　ただで　送って　くれるんですか。

受付：ええ。ただ、郵送料(ゆうそうりょう)だけは　ご負担(ふたん)ください。

住所を　書いて　くださった　方 주소를 써 주신 분
写真集(しゃしんしゅう) 사진집
* **送る**(おくる) [동1] 보내다, 부치다
お送りする 보내 드리다
カメラマン(camera man) 카메라맨, 사진사
環境(かんきょう) 환경
汚染(おせん) 오염

손님 : 주소도요?

접수처 : 네, 주소를 써 주신 분에게는 이 사진집을 보내드리겠습니다.

손님 : 그건 무슨 사진집입니까?

접수처 : 전문 카메라맨이 찍은 환경 오염에 대한 사진집입니다.

손님 : 그걸 공짜로 보내줍니까?

접수처 : 네, 단 우송료만은 부담해 주십시요.

단어 쏙쏙 익히기 25

ただ 공짜, 무료
~て くれる (나에게) ~해 주다
送って くれるんですか 보내 주는겁니까?
郵送料(ゆうそうりょう) 우송료

ただ 단
負担(ふたん) 부담
ご負担ください 부담해 주십시요

문법 꽉꽉 다지기

01 〔동〕て　あげる／〔동〕て　くれる／〔동〕て　もらう ▶ ~해 주다 · ~해 받다

- 수수동사(授受動詞)의 상하 관계, 나(ウチ)와 타인(ソト) 관계의 기본적인 사용법을 이해하고, 「동사 て형+수수동사」의 모양으로 만든다. 그러면 수수동사 앞에 오는 동사의 동작(행위)을 '~해 받다' '~해 주다' 란 뜻의 표현(=やりもらい)이 된다.
- 「~て もらう」와 문법 꽉꽉다지기02의 「~て いただく」는 직역하면 '~해 받다' 라는 뜻이다. 그러나 우리말에는 이런 표현이 없으므로, 의역해서 해석하는 편이 자연스럽다.

> 〔동〕て　あげる(~て　やる) (내가 남에게) ~해 주다
> 〔동〕て　くれる (남이 나에게) ~해 주다
> 〔동〕て　もらう (내가 남에게) ~해 받다

私は　山下君(やましたくん)に　のりを　送(おく)って　あげました。
나는 야마시타 군에게 김을 보내 주었습니다.

山下君は　私に　納豆(なっとう)を　送って　くれました。
야마시타 군은 나에게 낫토를 보내 주었습니다.

私は　山下君に　納豆を　送って　もらいました。
야마시타 군은 나에게 낫토를 보내 주었습니다(나는 야마시타 군에게 낫토를 보내 받았습니다).

＊「~て くれる」와 「~て もらう」가 쓰인 두 번째 문장과 세 번째 문장은 같은 뜻이지만, 「~て もらう」가 쓰인 문장에는 감사의 뉘앙스가 더 들어있다.

02 〔동〕て　さしあげる／て　くださる／て　いただく ▶ ~해 드리다 · ~해 주시다 · ~해 받다

> 〔동〕て　さしあげる (내가 윗사람에게) ~해 드리다
> 〔동〕て　くださる (윗사람이 나에게) ~해 주시다
> 〔동〕て　いただく (내가 윗사람에게) ~해 받다

私は　安部先生(あべせんせい)に　キムチを　送って　さしあげました。
나는 아베 선생님께 김치를 보내 드렸습니다.

安部先生は　私に　人形(にんぎょう)を　送って　くださいました。
아베 선생님은 나에게 인형을 보내 주셨습니다.

私は　安部先生に　人形を　送って　いただきました。
나는 아베 선생님께 인형을 받았습니다(보내 주셨습니다).

* 내가 상대에게 '~을 해 주다, ~을 해 드리다' 라는 표현을 제 3자에게 쓸 때는 상관없지만, 상대에게 직접적으로 잘 사용하게 되면 '내가 상대에게 은혜를 베푼다' 라는 뉘앙스가 있기 때문에 사용에 조심해야 할 경우가 있다. 특히 윗사람에게는 앞으로 배울 10과 문법다지기 01의 겸양표현을 쓰는 것이 좋다.

03 의뢰나 명령을 나타내는 표현

- 의뢰나 명령은 여러 가지 표현을 사용할 수 있다. 그러나 그 대상을 고려해서 사용하지 않으면 안 된다.

(1) 〔동〕ます형 + なさい (~해라, ~하거라, ~하시오)

「~なさい」는 동사의 ます형에 붙어 '~해라, ~하거라, ~하시오' 란 의미를 갖지만, 이 말은 명령 표현으로 손윗사람에게는 쓸 수 없다. 그리고 남의 아이들에게 쓰는 것도 적당치 않다. 부모가 아이들에 대해서, 또는 친한 친구 사이에서, 손윗사람이 아주 친한 손아랫사람에게, 선생님이 학생을 향해서 쓰는 경우가 있다. 그러나 「お休みなさい」는 인사말로서 누구에게나 쓸 수 있다.

はなこちゃん、早(はや)く　来(き)なさい。〈아이에게〉
하나코야, 빨리 와라.

もう　起(お)きなさい。遅(おく)れるよ。〈아이나 친한 친구에게〉
이제 일어나. 늦겠어.

お休(やす)みなさい。〈인사말〉
안녕히 주무세요.

(2) 〔동〕て　ください　(~하세요, ~해 주세요)

이 표현도 명령적인 요청표현이므로, 손윗사람이나 상사에게 쓰는 것은 바람직하지 않다.

この　地図を　見て　ください。이 지도를 봐 주세요.

私の　部屋も　掃除して　ください。내 방도 청소해 주세요.

(3) 〔동〕て　もらえませんか　(~해 받을 수 없습니까?)

〔동〕て　くださいませんか　(~해 주시지 않겠습니까?)

〔동〕て　いただけませんか　(~해 받을 수 없겠습니까?)

이 표현들은 상대에게 정중히 부탁하거나 의뢰하는 말인데, 아래쪽일수록 정중도가 높다. 「~て もらえませんか」나 「~て いただけませんか」는 가능형의 부정표현을 사용해 정중하게 부탁하는 말이다. 「~て もらいませんか」나 「~て いただきませんか」라고 하지 않도록 주의한다.

お名前を　書いて　くださいませんか。
성함을 써 주시지 않겠습니까?

ご住所も　書いて　いただけませんか。
주소도 써 주시겠습니까?(써 받을 수 없겠습니까?)

실력 팍팍 키우기

01 다음 보기의 ( )안의 단어를 적당히 바꾸어 넣어 보자

보기 ▶▶	あげる	くれる	もらう
	さしあげる	くださる	いただく

(1) 

昨日　キム先生は　私に　日本語を ＿＿＿＿＿＿＿＿。
(教える)

(2) 

母は　いつも　おいしい　料理を ＿＿＿＿＿＿＿＿。
(作る)

(3) 

これは　キムさんに ＿＿＿＿＿＿＿＿ 小説です。
(書く)

(4) 

先生に ＿＿＿＿＿＿＿＿ 本を　今　読んで　います。
(送る)

(5) 

お客さんに　写真集を　ただで ＿＿＿＿＿＿＿＿。
(送る)

(6) 

ここに　署名を ＿＿＿＿＿＿＿＿と　思います。
(する)

실력 팍팍 키우기

02 보기와 같이 말해 보자.

> 보기 ▸▸ 写真を　撮る。
> ➡ 写真を　撮って　いただけませんか。

(1) 

料理を　作る。

➡ ____。

(2) 

歌を　歌う。

➡ ____。

(3) 

話を　する。

➡ ____。

03 다음을 일본어로 옮겨 보자.

(1) 10시까지 와 주실 수 있으십니까?

➡ ____。

(2) 성함을 써 주신 분께는 CD를 공짜로 드리고 있습니다.

➡ ____。

04 CD의 내용을 받아 쓰고 대답해 보자. 26

____

____。

(1) Q : ____。

A : ____。

(2) Q : ____。

A : ____。

すずしい와 つめたい

すみません、 すずしい ビール ください。

여보세요. 시원한 맥주 주세요.

つめたい ビールですか。 あまり つめたく ないのですが…。

차가운 맥주 말이에요? 그렇게 차갑진 않은데요….

일본어와 우리말이 비슷하지만 그 뜻이나 사용법마저 똑같지는 않다는 것을 명심해야 한다. すずしい를 그냥 '시원하다'로만 외우고 있으면 그림의 상황과 같은 일이 종종 벌어진다. 시원하고 산뜻한 음료수를 가리키는 청량음료란 단어에서도 한자 량(涼)을 쓰고 있다. 그런데 일본어의 すずしい는 '기온'과 관계있는, 즉 날씨가 시원할 때만 쓴다. 액체가 적당히 차가운 경우나 우리가 뜨거운 국물 훌훌 마시면서 '아, 시원하다' 할 때, すずしい는 쓸 수 없다. 그래서 시원한 맥주는 すずしい ビール가 아니라 つめたい ビール라고 해야 맞다. 또 시원한 물, 냉수는 그냥 おみず라고 하거나 おひや라고 한다. ビール의 발음은 장음이라는 데 주의. 그냥 ビル는 맥주가 아니라 빌딩이라는 건 다 아실테니.

「ゴールデン・ウィーク」 황금연휴

일본에서는 4월 29일 「緑の日(みどりのひ) : 자연의 날」을 시작으로, 5월 3일 「憲法記念日(けんぽうきねんび) : 헌법기념일」, 5월 4일 「昭和の日(しょうわのひ) : 쇼와의 날」, 5월 5일 「子供の日(こどものひ) : 어린이 날」을 포함한 4월 말에서 5월 초까지의 약 5일~10일간의 연휴를 「ゴールデンウィーク : 황금연휴」라고 합니다. 현재 일본의 공휴일은 총 15개 인데요, 이 중 4개의 국경일이 이 기간에 있고, 일본에서는 「振替え休日(ふりかえきゅうじつ) : 대체 휴일」라고 해서, 휴일이 일요일이 됐을 경우 그 다음 월요일을 휴일로 하고, 휴일 사이에 있는 날도 쉬는 회사가 많기 때문에 이렇게 긴 연휴가 생겼습니다. 이때에 맞춰서 휴가를 내고 길게는 10일간의 연휴를 만끽할 사람도 많은데요, 날씨가 좋은 시기라 일본국내에서도 축제를 하는 지방도 많고 해외여행을 가는 사람도 굉장히 많습니다.

참고로, 「子供の日」에는 집집마다 「鯉のぼり(のりのぼり) : 잉어모양의 헝겁인형 매달기」를 하고 무사인형과 무기들을 장식합니다. 「鯉のぼり」는 중국의 전설에서 유래 된 것으로 잉어가 용문(竜門)을 올라가면 용이 되듯이, 남자아이가 건강하게 자라 장래에 큰 출세를 하기를 바라는 마음이 담겨있습니다. 이 날은 남자아이를 위한 행사로, 여자 아이들을 위한 행사는 3월 3일의 「ひな祭り(ひなまつり)」가 있습니다.

07

結婚式に 呼ばれました。

결혼식에 초대받았습니다.

주요 문법내용

▸ 〔동〕れる・られる

Warming up

君(くん)　呼(よ)ぶ　彼(かれ)　昔(むかし)　不良(ふりょう)　回(まわ)り　好(す)かれる　お嫁(よめ)さん

開(ひら)く　開会式(かいかいしき)　通訳(つうやく)　頼(たの)む　急(きゅう)に　誘(さそ)う

イム(임)　セミナー(seminar)

회화 술술 말하기 ❶ 27

A：昨日、イム君の　結婚式に　呼ばれて、行って　きました。

B：そうだったんですか。彼は　昔、不良だった　そうですね。

A：ええ。その　彼が　周りから　好かれる　社会人になって、お嫁さんを　もらうなんて、私も　お母さんにもらい泣きしましたよ。

イム [인] 임 ◀한국인의 성
* ~君(くん) ~군
* 呼ぶ(よぶ) [동1] 부르다, 초대하다
~れる／される ~되다 ◀수동형
呼ばれる(よばれる) [동2] 불리우다, 초대받다
行って　くる 갔다 오다, 다녀오다
* 彼(かれ) 그

A : 어제 임군의 결혼식에 초대받아 다녀 왔어요.

B : 그랬어요? 그는 옛날에는 불량 학생이었다지요?

A : 네, 그랬던 그가 주위 사람들로부터 호감을 받는 사회인이 되어서 신부를 맞이하게 되다니 (기뻐요). 저도 (임군) 어머니를 따라 울었어요.

단어 쏙쏙 익히기 28

- 昔(むかし) 옛날
- 不良(ふりょう) 불량, 불량 청소년
- 周り(まわり) 주변, 주위 사람
- 好く(すく) [동1] 좋아하다, 호감이 가다
- 好かれる(すかれる) [동2] 호감을 받다
- お嫁さん(およめさん) 신부, 며느리
- お嫁さんを　もらう 신부를 맞다
- もらい泣き(もらいなき) (남을 동정하여) 따라 욺, 덩달아 욺

회화 술술 말하기 2 29

A：はるかさん、先生(せんせい)に　何(なに)か　言(い)われなかったですか。

B：いいえ、何も……。どうしてですか。

A：ソウル大学(だいがく)との　セミナーが　あさって　開(ひら)かれるでしょう。

開会式(かいかいしき)の　時(とき)、はるかさんに　通訳(つうやく)を　頼(たの)みたいって。

B：そんなの、急(きゅう)に　頼(たの)まれても……　困(こま)ったわ……。

A：何か　予定(よてい)でも　あるんですか。

B：ええ、デートに　誘(さそ)われて　いるんです。

はるか [인] 하루카 ◀일본여자의 이름
言われる(いわれる) [동2] 말을 듣다
ソウル大学(ソウルだいがく) 서울대학
セミナー(seminar) 세미나
* あさって 모레
* 開く(ひらく) [동1] 열다, 펴다

A : 하루카 씨, 선생님께 무슨 말씀 못 들었어요?

B : 아뇨, 아무말도…. 왜요?

A : 서울대학과 하는 세미나가 모레 열리잖아요?
개회식 때, 하루카 씨에게 통역을 부탁하고 싶으시다던데.

B : 그런 거, 급하게 부탁받아도… 곤란한데….

A : 무슨 예정이라도 있어요?

B : 네, 데이트 신청 받았거든요.

단어 쏙쏙 익히기 30

開かれる(ひらかれる) [동2] 열리다, 개최되다
開会式(かいかいしき) 개회식
通訳(つうやく) 통역
* 頼む(たのむ) [동1] 부탁하다
* 急に(きゅうに) 갑자기
頼まれても 부탁받아도
誘う(さそう) [동1] 권하다, 권유하다
· デートに 誘われる 데이트 신청을 받다

문법 꽉꽉 다지기

01 〔동〕れる・られる ▶ 동사의 수동형

- 영어 문법에서 말하는 수동태와 같은데, 일본어로는 受身(うけみ)라고 한다.
- 「来られる」는 직역을 하면 '오게 함을 받다' 이지만, 자체만으로는 적당한 우리말로 옮길 수 없다. 문장 내에서 적절하게 해석해야 한다.
- 2그룹 동사의 수동형은 가능형과 형태가 똑같다. 가능형인지 수동형인지는 문장내에서 적절하게 판별해야 한다.

[1그룹 동사] 기본형 끝의 「う段」음을 「あ段」음으로 바꾸고 「れる」를 붙임	よぶ ➡ よばれる (ばびぶべぼ) (부르다) (불리다) たのむ ➡ たのまれる (まみむめも) (부탁하다) (부탁받다) 예외) ある ➡ (×) あられる (있다)
[2그룹 동사] 기본형 끝의 「る」를 없애고 「られる」를 붙임	みる (보다) ➡ みられる (보여지다) たべる (먹다) ➡ たべられる (먹히다)
[3그룹 동사] 외운다	くる (오다) ➡ こられる (오게 함을 받다) する (하다) ➡ される (되다, 당하다)

(私(わたし)は　イム君(くん)の)　結婚式(けっこんしき)に　**呼(よ)ばれました。**
(나는 임 군의) 결혼식에 초대받았습니다.

デートに　**誘(さそ)われて**、います。
데이트 신청을 받았어요.

先生(せんせい)に　**ほめられて**　うれしいです。
선생님께 칭찬받아서 기뻐요.

父(ちち)に　**しかられて**　泣(な)いて　います。
아버지께 야단맞고 울고 있어요.

02 피해의 수동(迷惑の受身)

▶ 피해를 입었거나 곤란한 경우에 쓰는 수동문

- 일본인들은 타인이나 다른 어떤 동작으로 인하여 자기가 피해를 입는다고 생각하는 경우, 습관적으로 수동 표현을 쓴다. 이를 피해의 수동(迷惑(めいわく)の受身(うけみ))이라고도 한다. 「赤ちゃんに　泣かれて」나 「雨に　降られて」와 같은 피해의 수동문을 직역해서 '아이에게 울음 당하다' '비에게 내림을 당하다' 라고 해석하면 너무 어색한 문장이 되므로 '아이가 울다' '비를 맞다' 로 의역하는게 좋다. 그러나 이런 문장에는 피해를 입었다거나 곤란하다는 기분이 숨겨져 있음을 놓쳐서는 안 된다.

急(きゅう)に　通訳(つうやく)を　**頼(たの)まれて**　困(こま)って　います。
갑자기 통역을 부탁받아 곤란합니다.

電車(でんしゃ)の　中(なか)で　足(あし)を　**ふまれ**、服(ふく)も　**やぶられて　しまった。**
전철 안에서 발을 밟히고 옷도 찢기고 말았다.

雨(あめ)に　**降(ふ)られて**、風邪(かぜ)を　引(ひ)いて　しまった。
비를 맞아, 감기에 걸리고 말았다.

隣(となり)の　赤(あか)ちゃんに　**泣かれて**、ゆうべは　寝(ね)られなかった。
이웃집 아이가 울어서 어젯밤에는 잠을 못잤다.

03 무생물을 주어로 하는 수동문

- 무생물이 주어로 사용된 수동표현에서는 보통 행위의 주체는 문제시되지 않고 행해지는 일 자체를 문제시하는 경우가 많다. 이 때 행위의 주체는 불특정 다수일 경우가 대부분이므로, 문장 내에서는 행위의 주체를 나타내지 않는다. 그러나 행위의 주체가 개인이거나 특정한 사람들인 경우에는 「~に　よって」를 사용해 나타내기도 한다.

예 ハングルは　王様(おうさま)に　よって　作られました。
(한글은 임금님에 의해 만들어졌습니다.)

英語(えいご)は　世界中(せかいじゅう)で　**使(つか)われて　います。**
영어는 전세계에서 사용되고 있습니다.

2002年の　ワールド・カップは　韓国(かんこく)と　日本(にほん)で　**行(おこ)なわれました。**
2002년 월드컵 대회는 한국과 일본에서 행해졌습니다.

문법 꽉꽉 다지기

日本は　治安(ちあん)が　いいと　**言(い)われて　います。**
일본은 치안이 잘 돼 있다고 일컬어지고 있습니다.

セミナーが　あさって　**開(ひら)かれます。**
세미나가 모레 열립니다.

04 ～中［～じゅう］　～동안 내내, 온통, 도처에
［～ちゅう］　～사이의, ～도중

- 명사 다음에 바로 이어지는 「中」는 다음과 같이 두 가지로 발음되며, 의미상으로도 차이가 있다.

① ～じゅう : ~동안 내내, 온통, 도처에

예 一日中(いちにち) (하루 종일)　一年中(いちねん)(일 년 내내)
家中(いえ)(온 집안)　体中(からだ)(몸 전체)
世界中(せかい)(전세계)

② ～ちゅう : ~사이, ~도중, ~안

예 今週中(こんしゅう) (금주 안)　来月中(らいげつ) (다음달 중)
会議中(かいぎ) (회의 (도)중)　仕事中(しごと) (일 (도)중)
勉強中(べんきょう) (공부 (도)중)

실력 팍팍 키우기

01 보기와 같이 수동문으로 바꿔 보자.

> 보기 ▸▸ 父が　私を　しかりました。
> ➡ 私は　父に　しかられました。

(1) 

社長が　部長を　呼びました。

➡ ________________________________。

(2) 

先生が　私に　日本語を　教えました。

➡ ________________________________。

(3) 

子供が　泣いて、私は　寝られませんでした。

➡ ________________________________。

(4) 

イ君は　私を　結婚式に　招待しました。

➡ ________________________________。

(5) 

隣の　人が　私の　足を　ふみました。

➡ ________________________________。

(6) 

韓国と　日本が　ワールド・カップを　行いました。

➡ ________________________________。

실력 팍팍 키우기

(7) 

ゆうべ　友達が　来て　勉強が　できませんでした。

➡ ________________________________。

(8) 

急に　会社の　人が　通訳を　頼みました。

➡ ________________________________。

02 CD의 내용을 받아 쓰고 대답해 보자. 31

(1) [イ君が　結婚式に　呼ぶ]

Q : ________________________________。

A : ________________________________。

(2) [あさって]

Q : ________________________________。

A : ________________________________。

(3) Q : ________________________________。

A : ________________________________。

일본의 칠월 칠석「七夕(たなばた)」

일본에도 우리나라 처럼 견우와 직녀의 전설이 있는데요, 우리나라 전설과 다른 점은 견우와 직녀가 까치의 다리를 건너서 만나는 것이 아니라 은하수를 건너서 만난다고 합니다. 또 일본의 칠월 칠석은 음력이 아니라 양력으로 하는데요, 이날이 되면 가정이나 동네에 대나무 가지를 세워두고 오색의 종이나 천에 각자 자신의 소원을 써서 나무가지 끝에 매달아 두고 소원을 빌며, 각 지방에서는 축제를 벌입니다. 지방에 따라서는 옛풍습 그대로 음력으로 행하는데도 있고, 각 지방 특성을 살린 축제가 벌이기도 하는데요, 특히「仙台(せんだい)七夕まつり」는「東北三大(とうほくさんだい)まつり : 동북 3대 마쯔리」의 하나로, 일본 국내에서도 가장 유명한 七夕축제이며 화려하고 커다란 장식물이 눈길을 끕니다.

~って는 아시지요? 言われる는 言う의 수동형! 직역하면 '~라고 말함을 받다'가 되겠지만 '~라고 듣다'라고 해석하는게 자연스럽습니다.

08

辞めさせて いただきたい。

그만두고 싶다.

주요 문법내용

- 〔동〕せる・させる
- 〔동〕させて いただく

Warming up

名誉退職(めいよたいしょく)　鬼(おに)　本当(ほんとう)に　厳(きび)しい　他(ほか)　上司(じょうし)　新人(しんじん)　一人前(いちにんまえ)

鍛(きた)える　一番(いちばん)　冗談(じょうだん)　ご馳走(ちそう)　実績(じっせき)　辞(や)める　壊(こわ)す　苦(くる)しい

思(おも)い　無事(ぶじ)だ　感謝(かんしゃ)

コピー(copy)　スピーチ(speech)

회화 술술 말하기 1 32

A：部長(ぶちょう)が　名誉退職(めいよたいしょく)する　そうですよ。

B：ええ、ぼくも　聞(き)きました。部長って　仕事(しごと)の　鬼(おに)で、本当(ほんとう)に　厳(きび)しかったですね。

A：そうですね。でも、他(ほか)の　上司(じょうし)とは　違(ちが)いましたよね。私(わたし)にも　コピーばかり　取(と)らせたり、お茶(ちゃ)くみばかりやらせたりは　しなかったから。

B：そうでしたね。新人(しんじん)を　一人前(いちにんまえ)に　鍛(きた)えさせる　ことにおいては　部長が　一番(いちばん)だったと　思(おも)うよ。

A：時々(ときどき)　冗談(じょうだん)を　言(い)って　皆(みな)を　笑(わら)わせて　くださったり、おいしい　ものを　ご馳走(ちそう)して　くださったり……。

B：かなりの　実績(じっせき)が　ある　はずなのに、なぜ　辞(や)めるんですか。

A：ストレスが　たまって、体(からだ)を　壊(こわ)したらしいですよ。それで、社長(しゃちょう)に　辞めさせて　いただきたいと言った　そうです。

名誉退職(めいよたいしょく)　명예퇴직 ◀한국어를 그대로 번역한 말
鬼(おに)　귀신, 한가지 일에 열중하는 사람
* 本当に(ほんとうに)　정말로
* 厳しい(きびしい)　[イ형] 엄격하다
* 他の(ほかの)　다른
上司(じょうし)　상사
～とは　～랑은, ～하고는

A : 부장님이 명예퇴직한다고 해요.

B : 네, 저도 들었습니다. 부장님은 일을 열심히 하셨고 정말로 엄격했었죠.

A : 그래요. 그래도 다른 상사와는 달랐잖지요.
저한테도 복사만 시키거나 차 심부름만 시키지는 않았으니까.

B : 그랬지요. 신입 사원을 제 몫을 다하도록 훈련시키는 데 있어서는 부장님이 제일 이었다고 생각해요.

A : 가끔 농담을 해서 모두를 웃게 해 주기도 했고, 맛있는 걸 사주시기도 했고….

B : 꽤 실적이 있을 텐데, 왜 그만두시는 거에요?

A : 스트레스가 쌓여서, 건강이 안좋아진 모양이예요.
그래서 사장님께 그만두고 싶다(그만두게 함을 받고 싶다)고 하셨대요.

단어 쏙쏙 익히기

33

コピー(copy) 카피, 복사
コピーを　取る(とる) 복사를 하다
～せる／させる ～시키다 ◀사역형
取らせる(とらせる) [동2] (복사를) 시키다 ◀取る의 사역형
お茶くみ(おちゃくみ) 차 심부름 하는 일 ◀직장 여성이 차 심부름하는 일을 자조적으로 일컫는 말
やらせる [동2] 시키다 ◀やる의 사역형
新人(しんじん) 신인, 신입 사원
一人前(いちにんまえ) 제 몫을 함, 제 구실을 함 ◀'일인분'이란 뜻도 있다.
鍛える(きたえる) [동2] 단련하다, 맹렬히 훈련하다
鍛えさせる(きたえさせる) [동2] 훈련시키다 ◀鍛える의 사역형
* **一番**(いちばん) 가장, 제일
冗談(じょうだん) 농담
～(さ)せて　くれる ～하게 해 주다
笑わせて　くれる 웃게 만들다, 웃게 해 주다
* **ご馳走**(ごちそう) 대접, 진수 성찬 ◀식사가 끝났거나 대접을 받았을 때 ごちそう さまでした라고 하면 '잘 먹었습니다'라는 뜻이 된다.
かなりの 상당한, 꽤 많은
実績(じっせき) 실적
なぜ 왜
* **辞める**(やめる) [동2] 그만두다
たまる [동1] 쌓이다, 늘다
* **壊す**(こわす) [동1] 깨뜨리다, 망치다
～(さ)せて　いただく ～하게 함을 받다, ～하다
辞めさせて　いただきたい 그만두게 함을 받고 싶다, 그만두고 싶다

(部長の　スピーチメモ)

私は　皆に　仕事ばかり　させ、苦(くる)しい　思(おも)いばかり　させたかもしれない……。

いろいろ　あったけれど、ここまで　無事(ぶじ)に　来(こ)られたのは、皆の　おかげだと　思う……。

しばらく　休(やす)ませて　もらいます。

皆に　感謝(かんしゃ)します。

ありがとう。

スピーチ(speech)　스피치, 연설
させる　[동2] 시키다 ◀する의 사역형
苦しい(くるしい)　[イ형] 괴롭다, 힘들다
思い(おもい)　생각, 느낌
～思いを　させる　생각을 하게 하다, 느낌을 갖게 하다

(부장의 스피치 메모)

나는 여러분 모두에게 일만 시키고, 힘들게만 했는지도 모른다….

이런 저런 일이 많았지만, 여기까지 무사히 올 수 있었던 것은 여러분 덕분이라고 생각한다….

당분간 쉬겠습니다.

여러분에게 감사합니다.

고맙습니다.

단어 쏙쏙 익히기 35

無事だ(ぶじだ) [ナ형] 무사하다

* しばらく 잠시, 얼마 동안

〜(さ)せて もらう ~하게 함을 받다

休ませて もらう 쉬게 함을 받다, 쉬겠다

感謝(かんしゃ) 감사 ◀동사는 感謝する

01 〔동〕せる / させる。 ~하게 하다. ~시키다. ▶ 동사의 사역형

- 사역(使役)이란 남에게 뭔가를 시킨다는 뜻이다. 동사의 사역형은 동사의 기본형과 상관없이 모두 2그룹 동사와 같이 활용한다.
- 타동사의 사역표현인 경우는 시킴을 받는 쪽을 「~に」로 나타낸다.
  - 예 先生は　学生に　字を　書かせます。
  - (선생님은 학생에게 글씨를 쓰게 합니다.) 〈시키는 사람 :先生 , 하는 사람 :学生 〉
- 자동사의 사역표현인 경우는 시킴을 받는 쪽을 「~を」로 나타내기도 한다.
  - 예 兄が　弟を　泣かせます。
  - (형이 동생을 울립니다(울게 합니다).) 〈울리는 사람 :兄 , 우는 사람 :弟〉

[1그룹 동사] 기본형 끝의 「う段」음을 「あ段」음으로 바꾸고 「せる」를 붙임	わらう (웃다)	➡ わらわせる (웃게 하다)	(わいうえお)
	いく (가다)	➡ いかせる (가게 하다)	(かきくけこ)
	うつ (치다)	➡ うたせる (치게 하다)	(たちつてと)
	のむ (마시다)	➡ のませる (마시게 하다)	(まみむめも)
	かえる (돌아가다)	➡ かえらせる (돌아가게 하다)	(らりるれろ)
[2그룹 동사] 기본형 끝의 「る」를 없애고 「させる」를 붙임	みる (보다)	➡ みさせる (보게 하다)	
	やめる (그만두다)	➡ やめさせる (그만두게 하다)	
[3그룹 동사] 외운다	くる (오다)	➡ こさせる (오게 하다)	
	する (하다)	➡ させる (시키다)	

コピーばかり　**取(と)らせます。**
복사만 시킵니다.

ときどき　冗談(じょうだん)を　言(い)って　**笑(わら)わせて**　くれます。
가끔 농담을 해서 웃게 해 줍니다.

いっしょけんめい **勉強(べんきょう)させて**、医者(いしゃ)に なって もらいたいです。

열심히 공부시켜서 의사가 되었으면 합니다.

お弁当(べんとう)を 持(も)って **こさせました**。

도시락을 가져오게 했습니다.

先生(せんせい)は 学生(がくせい)に 字(じ)を **書(か)かせたり**、本(ほん)を **読(よ)ませたり** します。

선생님은 학생에게 글씨를 쓰게 하거나, 책을 읽히거나 합니다.

02 〔동〕(さ)せて きらう / (さ)せて いただく。 ~하겠다(~하게 함을 받다).

- 「~(さ)せて いただきます」는 정중하게 상대방에게 승낙을 받고자 하는 표현이다. 직역하면 '~하게 함을 받겠습니다' 이지만, 의역해서 '~하겠습니다' 라고 해야 자연스럽다.
- 친밀한 사이거나 손아랫사람에게는 「~(さ)せて もらう」라고 하기도 한다.

しばらく **休(やす)ませて もらいます**。

당분간 쉬겠습니다.

会社(かいしゃ)を **辞(や)めさせて いただきたいです**。

회사를 그만두고 싶습니다.

出張(しゅっちょう)、私(わたし)に **行(い)かせて いただけませんか**。

출장, 제가 가도 되겠습니까? (제가 가도록 함을 받을 수 없겠습니까?)

少(すこ)し **考(かんが)えさせて いただきます**。

조금 생각해 보겠습니다.

실력 팍팍 키우기

01 보기와 같이 말해 보자.

보기 ▸▸ 子供が　薬を　飲む。[母は]
➡ 母は　子供に　薬を　飲ませました。

(1) 

学生は　本を　読む。[先生は]

➡ ____。

(2) 

父は　たばこを　やめる。[お医者さんは]

➡ ____。

(3) 

私は　コピーばかり　取る。[部長は]

➡ ____。

02 문장을 해석하고, 질문에 대답해 보자.

今日は　風邪を　引きましたので　会社を　休ませて　いただき、
病院に　行かせて　いただきました。
家に　帰って　きて　一日中　寝させて　いただきました。

(1) どうして　会社を　休ませて　いただきましたか。

➡ ____。

(2) 一日中　家で　何を　させて　いただきましたか

➡ ____。

03 다음을 일본어로 옮겨 보자.

(1) 

아이에게 청소를 시켰습니다.

➡ ____。

(2) 

재미있는 이야기를 해서 웃겨 주었습니다.

➡ ____。

04 CD의 내용을 받아 쓰고 대답해 보자. 36

(1) [勉強ばかり]

Q : ____。

A : ____。

(2) [人を　笑わせる]

Q : ____。

A : ____。

(3) Q : ____。

A : ____。

일본의 전통 예술 「歌舞伎(かぶき)」

「歌舞伎」는 화려한 의상과 분장, 일본고유의 현악기인 「三味線(しゃみせん)」으로 연주하는 음악과 배우들의 연기와 춤, 관객 가까이에서 연기를 하기위한 통로가 마련된 독특한 무대가 잘 어울어진 대중적인 일본의 고전 연극입니다. 「歌舞伎」는 약 350년 전에 여자 배우들이 중심이 되어 시작되었는데요, 풍기 문란을 이유로 여성의 출연이 금지되어 남자만이 출연 할 수 있게 되었습니다. 그래서 여자역도 반드시 남자가 하는 것이 「歌舞伎」의 특징 중 하나가 되었답니다. 우리말에도 있는 '십팔번' 이란 말은 「歌舞伎」집안 「市川家(いちかわけ)」의 인기 연목 18개를 「十八番(じゅうはちばん)」이라고 부르는 것부터 온 말입니다

09

1時間も 待たせられたんです。

1시간이나 기다렸어요.

주요 문법내용

- 〔동〕(さ)せられる
- あの／あれ／あそこ
- 〔동〕ちゃう

Warming up

打ち上げ　楽しい　飲み会　予約　混む　席　空く　移す

一気飲み　自宅　代　払う　無理やり　三浦　一日

パーティー(party)　サービス(service)　ダウン(down)

회화 술술 말하기 37

A：キムさん、お帰(かえ)りなさい。

B：あ、ただいま。今日は「ほたる」で 打(う)ち上(あ)げパーティーが あった そうですね。楽(たの)しかったですか。

A：いいえ、楽しいどころか、ひどい 飲(の)み会(かい)に なりましたよ。

B：え？ 何(なに)か あったんですか。

A：予約(よやく)を 入(い)れずに 行(い)ったら、あいにく 店(みせ)が すごく 混(こ)んでいて。

それで 席(せき)が 空(あ)くまで、1時間(いちじかん)も 待(ま)たせられたんです。

B：場所(ばしょ)を 移(うつ)せば よかったのに……。

* **お帰りなさい**(おかえりなさい) 어서 돌아오세요 ◀ 외출했다 돌아온 사람에게 하는 인사말
* **ただいま** 다녀왔습니다 ◀ 외출했다 돌아와서 하는 인사말

ほたる 개똥벌레 ◀ 여기서는 가게 이름

打ち上げ(うちあげ) 마침, 종료

パーティー(party) 파티

打ち上げパーティー 쫑파티

* **楽しい**(たのしい) [イ형] 즐겁다

~どころか ~는 커녕

楽しいどころか 즐겁기는커녕

* **ひどい** 심하다, 가혹하다

飲み会(のみかい) 술자리

A : 김(아무개) 씨, 어서 오세요.

B : 아, 다녀왔습니다. 오늘은 '호타루' 에서 쫑파티가 있었다면서요. 재밌었어요?

A : 아뇨, 즐겁기는 커녕 형편없는 회식(술자리)이 되었어요.

B : 네? 무슨 일이 있었나요?

A : 예약을 하지 않고 갔더니, 하필이면 가게가 너무 붐벼 있었어요.
그래서 자리가 날 때까지 1시간이나 기다려야 했어요.

B : 장소를 옮겼더라면 좋았을 텐데….

단어 쏙쏙 익히기 38

え 네? ◀놀라거나 의아해 할 때

* 予約(よやく) 예약

予約を 入れる 예약을 넣다, 예약을 하다

予約を 入れずに 예약을 하지 않고

あいにく 마침, 하필이면, 공교롭게도

混む(こむ) [동1] 붐비다, 혼잡하다

席(せき) 자리

* 空く(あく) [동1] (자리가) 나다

～(さ)せられる ～(하게 함을) 당하다 ◀사역 수동형

待たせられる(またせられる) [동2] 기다리게 함을 당하다, 어쩔 수 없이 기다리다

移す(うつす) [동1] 옮기다

회화 술술 말하기 37

A：でも、あの　店は　安(やす)いし、料理も　おいしいから。

B：それは　そうですね。

それに、あそこなら、サービスも　いいし。

A：そこまでは　まあまあ　よかったんです。

新入社員(しんにゅうしゃいん)が　一気飲(いっきの)みさせられて、ダウン　しちゃったんですよ。

B：一気飲みで　ダウンですか。危(あぶ)なかったですね。

A：ええ。彼(かれ)を　病院(びょういん)から　自宅(じたく)まで　送(おく)って、その　上(うえ)、タクシー代(だい)まで　払(はら)わせられて、大変(たいへん)でしたよ！

B：無理(むり)やり　一気飲みさせられた　彼も　かわいそうだけど、　三浦(みうら)さんも　大変な　一日(いちにち)でしたね。

それに 게다가
サービス(service) 서비스
まあまあ 그럭저럭, 그런대로
一気飲み(いっきのみ) 술 한잔을 단숨에 마시는 것, 원샷
させられる [동2] 당하다
ダウン(down) 다운, 쓰러짐
~ちゃう 해 버리다 ◀ ~て しまう와 같은 뜻으로, 일상 회화에서 많이 쓰인다.
ダウン　しちゃったんですよ 다운해 버리고 말았어요, 쓰러지고 말았어요
自宅(じたく) 자택
その　上(その　うえ) 그 위에, 게다가

A : 그렇지만 그 가게는 싸고 요리도 맛있으니까요.

B : 그건 그렇죠.

게다가 거기라면 서비스도 좋고.

A : 거기까지는 그럭저럭 괜찮았어요.

신입 사원이 원샷을 당해서(원샷을 하다가) 쓰러져 버리고 말았어요.

B : 원샷으로 쓰러져요? 위험했군요.

A : 네, 그를 병원에서 집까지 데려다 주고, 게다가 택시비까지 내야 했기 때문에 정말 힘들었어요.

B : 억지로 원샷을 당한 그도 딱하지만, 미우라 씨도 힘든 하루였군요.

단어 쏙쏙 익히기 38

* **代**(だい) 대금, 값
タクシー代 택시비
* **払う**(はらう) [동1] 지불하다
払わせられる(はらわせられる) [동2] 어쩔 수 없이 지불하다
無理やり(むりやり) 무리해서, 억지로
かわいそうだ [ナ형] 불쌍하다, 안 됐다
三浦(みうら) [인] 미우라 ◀ 일본인의 성
* **一日**(いちにち) 하루, 하루종일

문법 꽉꽉 다지기

01 [동] (さ)せられる。 ~하게 함을 받다. ~시킴을 당하다. ▶ 동사의 사역 수동형

- 동사의 사역수동형이란 동사의 사역형에 수동형이 붙은 형태를 말한다. 이 사역 수동형 「~(さ)せられる」는 직역하면 '~하게 함을 당하다' 인데, '타의에 의해서 어쩔 수 없이 ~하다' 라는 의미를 나타낸다.
- 1그룹 동사의 경우 「~せられる」는 「~される」라고도 할 수 있는데, 단 「話す」와 같이 끝음이 「す」로 끝난 동사의 경우는 예외이다.

동사	기본형	사역형	사역 수동형
[1그룹 동사] 기본형 끝의 「う段」음을 「あ段」음으로 바꾸고 「せられる」 또는 「される」를 붙임	かう (사다)	かわせる	かわせられる (=かわされる)
	かく (쓰다)	かかせる	かかせられる (=かかされる)
	のむ (마시다)	のませる	のませられる (=のまされる)
	はしる (달리다)	はしらせる	はしらせられる (=はしらされる)
	はなす (이야기하다)	はなさせる	はなさせられる (≠はなされる)
[2그룹 동사] 기본형 끝의 「る」를 없애고 「させられる」를 붙임	みる (보다)	みさせる	みさせられる
	やめる (그만두다)	やめさせる	やめさせられる
[3그룹 동사] 외운다	くる (오다)	こさせる	こさせられる
	する (하다)	させる	させられる

たくさん 飲(の)ませられました。 (억지로 술을) 많이 마셨습니다.

1時間(じかん)も 待(ま)たせられました。 (어쩔 수 없이) 1시간이나 기다렸습니다.

名誉退職(めいよたいしょく)させられました。 (어쩔 수 없이) 명예퇴직했습니다.

02 あの／あれ／あそこ

▶ '그' '그것' '그곳' 으로 해석되는 경우

- 지금까지 우리는 「こ・そ・あ・ど」 단어 중 「あ」계열의 단어는 전부 '저~' 로 해석했다.
  예 あの　人 (저 사람),　あれ (저것),　あそこ (저기)
- 그러나 말하는 사람과 듣는 사람이 공통으로 알고 있는 장소 · 물건 · 사람에 대해 이야기할 경우, 일본어에서는 「あ」계열의 말을 사용해야 한다. 해석은 물론 '그~' 라고 해야 한다.
  예 A：あの　店は　安いし、食べ物も　おいしいから。
  (그 가게는 싸기도 하고 음식도 맛있으니까.)
  B：それに　あそこなら　サービスも　いいし。
  (게다가 거기라면 서비스도 좋고.)　▶ 그 가게를 A, B 모두 알고 있다.
- 물론 어느 한 쪽만 알고 있는 장소 · 물건 · 사람에 대해 이야기할 경우에는 「そ」계열의 말을 사용하면 된다.
  예 A：「ほたる」と　いう　店で　会いましょう。
  (호타루 라는 가게에서 만납시다.)
  B：その　店は　どこに　ありますか。
  (그 가게는 어디에 있습니까?)　▶ A는 호타루를 알지만 B는 모른다.

03 〔동〕て형 + ちゃう。 ＝〔동〕て　しまう。

~해 버리다. ~하고 말다.

- 동사의 て형에 「ちゃう」를 붙이면 3단계 9과 문법다지기 05의 「동사＋て　しまう」와 같은 표현이 된다. 일상 회화에서는 「동사의 て형＋ちゃう」가 많이 쓰인다.
- 그런데 촉음편의 동사는 「ちゃう」가 「じゃう」로 바뀐다.

ダウンしちゃったんです。　＝ダウンして　しまったんです。
쓰러지고 말았어요.

全部　食べちゃった。
전부 먹어 버렸다.

もう　話しちゃいました。
벌써 말해 버렸어요.

その　小説、全部　読んじゃった。
그 소설, 전부 읽었다.

今日も　たくさん　飲んじゃいました。
오늘도 많이 마시고 말았어요.

실력 팍팍 키우기

01 보기와 같이 빈칸에 적당한 말을 넣어 완성해 보자.

> 보기 ▸▸ お酒を　飲みたく　なかったのに　(飲ませられました。)

(1) 

どこへも　行きたく　なかったのに

____。

(2) 

歌を　歌いたく　なかったのに

____。

(3) 

だれにも　言いたく　なかったのに

____。

02 다음 문장을 읽고, 질문에 대답해 보자.

> イさんは　彼女に　一時間も　待たせられました。
> 電話も　なかったので、彼は　イライラさせられました。
> やっと　彼女が　来ました。
> 二人は　買い物に　行きました。
> イさんは　彼女が　買った　ものを　持たせられ、
> その上　CD代まで　払わせられ、
> 困った　顔を　して　います。

(1) イさんは　彼女に　何を　させられましたか。

➡ ____。

(2) この　二人は　これから　どう　なりそうですか。

➡ ____。

03 다음을 일본어로 옮겨 보자.

(1) 

노래를 2시간이나 연습했습니다.

➡ ____。

(2) 

어쩔 수 없이 술을 많이 마셔서, 지금 숙취 때문에 머리가 아픕니다.

➡ ____。

04 CD의 내용을 받아 쓰고 대답해 보자. 39

(1) Q : ____。

A : ____。

(2) Q : ____。

A : ____。

일본의 전통음식 「納豆(なっとう)」

「納豆」는 콩으로 만든 발효식품으로 우리나라의 청국장과 비슷합니다. 일본인들의 일반적인 먹는 방법은 그릇에 「納豆」를 넣고 젓가락으로 잘 저어 끈기 있게 만든 다음, 파, 계란, 간장 등을 기호에 맞게 넣어 밥 위에 얹어서 먹습니다. 또 김에 말아 「納豆まき」로 먹는 것도 인기가 있고, 納豆를 좋아하는 사람들은 카레나 스파게티, 빵에 넣어 먹기도 하는 등 「納豆」를 이용한 다양한 요리들이 많이 개발되어 있습니다. 하지만 모든 일본인들이 「納豆」를 좋아하는 것은 아니고, 독특한 냄새 때문에 싫어하는 사람도 많이 있다고 합니다. 특히, 西日本지역에서는 원래 「納豆」를 먹는 습관이 없어서 일반가게에 가도 안 팔았었다고 하는데, 몇 년전부터 건강 식품으로 주목을 받아, 맛은 싫어도 건강을 생각해서 먹기 시작한 사람들도 많다고 합니다.

10

いつ いらっしゃるんですか。

언제 오십니까?

주요 문법내용

- ▶ 경어표현(존경어 · 겸양어 · 정중어)
- ▶ お／ご〈접두사〉

Warming up

大統領(だいとうりょう)　10日(とおか)　1週間(いっしゅうかん)　滞在(たいざい)　召(め)し上(あ)がる　公式(こうしき)　以外(いがい)　留学時代(りゅうがくじだい)

知(し)り合(あ)い　新聞社(しんぶんしゃ)　時事貿易(じじぼうえき)　様(さま)　江川(えがわ)　申(もう)す　失礼(しつれい)　少々(しょうしょう)

イタリア(Italia)　スケジュール(schedule)　マルペケ(OX)

회화 술술 말하기 1 40

A：大統領は　いつ　いらっしゃるんですか。

B：来月の　10日に　おいでに　なる　ご予定です。

A：いつまで　いらっしゃるんですか。

B：一週間　ご滞在に　なると　おっしゃいました。

A：大統領は　何を　よく　召し上がりますか。

B：何でも　お好きですが、とくに　イタリア料理を
よく　召し上がります。

A：公式スケジュール　以外には　何を　なさる　ご予定ですか。

B：留学時代の　お知り合いに　お会いに　なる　そうです。

大統領(だいとうりょう)　대통령
* **いらっしゃる** [동1] 오시다, 가시다, 계시다 ◀来る・行く・いる의 존경어
* **10日**(とおか)　10일
お(ご)～ ◀존경의 뜻을 나타내는 접두어
お(ご)～に　なる ~하시다
おいでに　なる 오시다, 가시다, 계시다 ◀来る・行く・いる의 존경표현
* **～週間**(しゅうかん)　~주간
滞在(たいざい)　체재
ご滞在に　なる 체재하시다 ◀滞在する의 존경표현
* **おっしゃる** [동1] 말씀하시다 ◀言う의 존경어

A : 대통령은 언제 오십니까?

B : 다음달 10일에 오실 예정입니다.

A : 언제까지 계십니까?

B : 일주일 체재하실 거라고 말씀하셨습니다.

A : 대통령은 무엇을 잘 드십니까?

B : 뭐든지 좋아하시지만, 특히 이탈리아 요리를 잘 드십니다.

A : 공식 스케줄 이외에는 무얼 하실 예정이신가요?

B : 유학 시절의 지인 분을 만나실 거라고 합니다.

단어 쏙쏙 익히기

41

* **召し上がる**(めしあがる) [동1] 잡수시다 ◀食べる·飲む의 존경어
イタリア(Italia) 이탈리아
公式(こうしき) 공식
スケジュール(schedule) 스케줄
* **以外**(いがい) 이외
* **なさる** [동1] 하시다 ◀する의 존경어

留学時代(りゅうがくじだい) 유학시절 ◀우리말의 '~시절'은 일본어로는 ~時代라고 한다. 대학시절은 大学時代, 학창시절은 学生時代이다.
お知り合い(おしりあい) 아시는 분, 지인 ◀お는 존경의 뜻을 나타내는 접두어
お会いに なる 만나시다 ◀会う의 존경표현

회화 술술 말하기 ② 42

A：はい、OX新聞社(しんぶんしゃ)で　ございます。

B：こちら　時事貿易(じじぼうえき)ですが……。

A：時事貿易の　どちら様(さま)でしょうか。

B：江川(えがわ)と　申(もう)します。

A：時事貿易の　江川社長様(しゃちょうさま)で　いらっしゃいますか。
大変失礼(たいへんしつれい)いたしました。

B：いいえ。あのう、社長さん、いらっしゃいますか。

A：はい、おります。ただいま　おつなぎいたしますので、
そのまま　少々(しょうしょう)　お待(ま)ちください。

OX(マルペケ) 마루페케 ◀O표는 まる, X표는 ペケ라고 하는데, まるペケ는 우리말의 ○○, ××처럼 특정하지 않은 대상에 붙인다. X표는 バツ라고도 읽는다.

新聞社(しんぶんしゃ) 신문사

* **ございます** 있습니다 ◀ある의 공손한 표현

～で　ございます ~입니다 ◀~です의 공손한 표현

時事貿易(じじぼうえき) 시사무역 ◀회사이름

* **～様**(さま) ~님, ~씨 ◀인명이나 사람을 나타내는 명사 뒤에 붙어 존경을 나타낸다.

どちら様 누구, 어느 분 ◀だれ의 존경어

江川(えがわ) [인] 에가와 ◀일본인의 성

A : 네, OX 신문사입니다.

B : 여기 시사무역인데요….

A : 시사무역의 어느분이십니까?

B : 에가와라고 합니다.

A : 시사무역의 에가와 사장님이십니까?
대단히 실례했습니다.

B : 아니요, 저 사장님 계십니까?

A : 예, 있습니다(계십니다). 곧 연결하겠사오니 그대로 잠시만 기다려 주십시오.

단어 쏙쏙 익히기

43

* 申す(もうす) [동1] 말하다 ◀言う의 겸양어
  ～と 申す ～라고 한다
  ～で いらっしゃいますか ～이십니까? ◀～ですか 의 존경표현
* 失礼(しつれい) 실례
* いたす [동1] 하다 ◀する의 겸양어
* おる [동1] 있다 ◀いる의 겸양어
  つなぐ [동1] (전화를) 연결하다
  おつなぎいたします 연결하겠습니다 ◀つなぎます의 겸양표현
* 少々(しょうしょう) 잠시, 잠깐
  お～ください ～하세요
  お待ちください 기다려 주세요

01 특수한 존경어

▶ 존경표현 ①

- 경어표현에는 존경표현과 겸양표현 2가지가 있다.
- 존경어는 상대방을 높여 주는 말씨이다.

보통어	존경어	보통어	존경어
いる (있다)	いらっしゃる (계시다)	くれる (주다)	くださる (주시다)
行(い)く (가다)	いらっしゃる (가시다)	食(た)べる (먹다)	召(め)し上(あ)がる (드시다)
	おいでに　なる (가시다)	飲(の)む (마시다)	召し上がる (드시다)
来(く)る (오다)	いらっしゃる (오시다)	寝(ね)る (자다)	おやすみに　なる (주무시다)
	おいでに　なる (오시다)	知(し)る (알다)	ご存(ぞん)じだ (아시다)
する (하다)	なさる (하시다)	着(き)る (입다)	おめしに　なる (입으시다)
言(い)う (말하다)	おっしゃる (말씀하시다)	見(み)る (보다)	ご覧(らん)に　なる (보시다)

大統領(だいとうりょう)は　いつ　**いらっしゃるんですか。**
대통령은 언제 오십니까?

おいしいと　**おっしゃいました。**
맛있다고 말씀하셨습니다.

イタリア料理(りょうり)を　よく　**召し上がります。**
이탈리아 요리를 잘 드십니다.

何(なに)を　**なさる**　予定(よてい)ですか。
무엇을 하실 예정입니까?

02 お(ご)+〔동〕ます형+に　なる。　　~하시다 ▶ 존경표현 ②
お(ご)+한자어 명사+に　なる。

- 접두사 「お(ご)」에 「동사의 ます형+に なる」를 붙이면 존경표현이 된다.
- 「한자어+する」의 경우는 「お(ご)+한자어+に なる」라고 하면 된다.

お会(あ)いに　なる　そうです。 만나신다고 합니다.

たった今　**お帰(かえ)りに　なりました。** 지금 막 돌아가(오)셨습니다.

先生(せんせい)は　もう　**お休(やす)みに　なりました。** 선생님은 벌써 주무십니다.

あした　**ご出発(しゅっぱつ)に　なります。** 내일 출발하십니다.

先生は　来月(らいげつ)　**お越しに　なる**　予定です。 선생님은 다음 달에 오실 예정입니다.

03 お(ご)+〔동〕ます형+ください。　　~하세요 ▶ 존경표현 ③
お(ご)+한자어 명사+ください。

- 「お(ご)+동사의 ます형(또는 한자어 명사)+ください」는 '~해 주십시오' 라는 뜻으로, 상대방에게 뭔가 부탁할 때 사용하는 정중한 표현이다. 앞에서 배운 「~て ください」보다 정중한 표현으로 사용된다.

少々　**お待(ま)ちください。** 잠시 기다려 주세요.

もう　一度(いちど)　**お話(はな)しください。** 다시 한번 말씀해 주세요.

あちらを　**ごらんください。** 저쪽을 보세요.

後(あと)で　**お電話(でんわ)ください。** 나중에 전화해 주세요.

04 〔명〕で　いらっしゃる。　~이시다 ▶ 존경표현 ④

- 「～で いらっしゃいますか」는 「～ですか」의 격식차린 표현이다.

江川社長様(えがわしゃちょうさま)で　**いらっしゃいますか。**　에가와 사장님이십니까?

いらっしゃいませ。**何名様(なんめいさま)でいらっしゃいますか。**
어서 오십시오. 몇 분이십니까?

　－ 4人(にん)です。 4명입니다.

05 특수한 겸양어　▶ 겸양표현 ①

- 겸양어는 자기 자신의 동작을 낮추어 말함으로써 결과적으로 상대방을 높여 주는 말씨이다. 특수한 겸양어는 특수한 존경어와 같이 외워 두는 것이 좋다.
- 일본어에서는 자기보다 윗사람(ウチ)이라도 남(ソト)에게 말할 때는 존경표현을 쓰지 않으므로 주의한다.

보통어	겸양어	보통어	겸양어
いる (있다)	おる (있다)	見る (보다)	拝見(はいけん)する (보다)
する (하다)	いたす (하다)	あげる (주다)	さしあげる (드리다)
行く (가다)	参(まい)る (가다)	もらう (받다)	いただく (받다)
来る (오다)	参る (오다)	知(し)る (알다)	存(ぞん)じる (알다)
言う (말하다)	申(もう)す (말씀드리다)	食べる (먹다)	いただく (먹다)
	もうしあげる (말씀드리다)	聞(き)く (묻다)	うかがう (여쭙다)
会う (만나다)	お目(め)に　かかる (뵙다)		

江川と　**申します。** 에가와라고 합니다.

大変(たいへん)　失礼(しつれい)**いたしました。** 대단히 실례했습니다.

社長は　**おります。** 사장(님)은 있습니다.

06 お(ご)+〔동〕ます형+する(いたす)。　~하다 ▶ 겸양표현 ②

- 「お(ご)+동사의 ます형+する」는 겸양표현을 나타낸다. 「한자어+する」의 경우는 「お(ご)+한자어+する」라고 하면 된다.

おつなぎします。(=おつなぎいたします。)
연결하겠습니다. (=연결해 드리겠습니다.)

私(わたし)が　**お手伝(てつだ)いいたします。** 제가 도와 드리겠습니다.

荷物(にもつ)、**お持(も)ちしましょうか。** 짐, 들어 드릴까요?

07 〔명〕で　ございます。　~입니다 ▶ 겸양표현 ③

- 「～で ございます」는 '~입니다' 라는 공손한 표현으로, 말하는 자신을 낮춤으로써 자연히 상대방을 높이게 된다.

OX 新聞社(しんぶんしゃ)で　**ございます。** 마루케페(○×)신문사입니다.

はい、鈴木(すずき)で　**ございます。** 네, 스즈키입니다.

こちらは　おつりと　レシートで　**ございます。** 여기 거스름돈과 영수증입니다.

08 お／ご
▶ 존경 · 공손함을 나타내는 접두사

- 「お」나 「ご」는 명사 앞에 붙어서 존경과 공손함을 나타낸다.

  ① お : 주로 일본어 단어에 붙임
  예 お手紙(てがみ) (편지), お水(みず) (물), お腹(なか) (배), お顔(かお) (얼굴)

  ② ご : 주로 한자 단어에 붙임
  예 ご主人(しゅじん) (남편), ご案内(あんない) (안내), ご心配(しんぱい) (걱정)

09 [동] います
▶ 특수한 동사의 ます형

- 특수한 존경어나 겸양어는 그대로 외울 수밖에 없다.
- 다음 동사들은 1그룹 동사이지만 ます형이 「～ります」가 아니라 「～います」이다.

いらっしゃる	–	(×) いらっしゃります	(○) いらっしゃいます
なさる	–	(×) なさります	(○) なさいます
おっしゃる	–	(×) おっしゃります	(○) おっしゃいます
ござる	–	(×) ござります	(○) ございます

10 [동] られる
▶ 존경표현 ⑤

- 존경표현에는 7과에서 배운 수동(受身(うけみ))의 조동사 「れる／られる」를 붙여 만드는 표현도 있다. 초급 단계에서는 수동의 「れる／られる」와 혼동할 염려가 있어, 이 책의 본문에서는 다루지 않았다. 참고로 본문 중 일부를 「れる／られる」의 존경표현으로 바꾸면 다음과 같다.

いつ　いらっしゃるんですか。 → いつ　**来られる**んですか。
언제 오십니까?

お会いに　なる　そうです。 → **会われる**　そうです。
만나실 거라고 합니다

お読みになりましたか。 → **読まれ**ましたか。
읽으셨습니까

실력 팍팍 키우기

01 보기와 같이 말해 보자.

보기 ▶▶ 待つ ➡ お待ちに　なる。
➡ お待ちする。

(1) 書く ➡ ______________________。
______________________。

(2) 読む ➡ ______________________。
______________________。

(3) 会う ➡ ______________________。
______________________。

(4) みる ➡ ______________________。
______________________。

02 보기와 같이 말해 보자.

보기 ▶▶ ちょっと　待って　ください。
➡ 少々　お待ちください。

(1)

手伝って　ください。
➡ ______________________。

(2)

入って　ください。
➡ ______________________。

(3)

話して　ください。
➡ ______________________。

(4) 

立って　ください。

➡ ＿＿＿＿＿＿＿＿＿＿＿＿＿＿＿＿＿＿＿＿。

03 **빈칸에 알맞은 말을 넣어 완성해 보자.**

(1) 

お父さんは　いらっしゃいますか。

いいえ、父は ＿＿＿＿＿＿＿＿＿＿＿＿＿＿＿＿。

(2) 

朝ご飯は　召し上がりましたか。

はい、＿＿＿＿＿＿＿＿＿＿＿＿＿＿＿＿＿＿＿＿。

(3) 

お飲み物は　何に ＿＿＿＿＿＿＿＿＿＿＿＿＿＿。

ジュースに　します。

(4) 

もしもし、時事出版社 ＿＿＿＿＿＿＿＿＿＿＿＿＿。

はい、時事出版社で　ございます。

일본의 국가와 국기

1) 일본의 국기

일본의 국기를 「日の丸(ひのまる)」라고 하는데요, 하얀 백지에 붉은 동그라미가 그려져 있는 아주 간단한 디자인이지요. 가운데 그려져 있는 붉은 동그라미는 태양을 상징하는데요, 태양이 나오는 근원이 일본이라는 의식에서 나온 거라고 합니다.

2) 일본의 국가

스포츠 경기 등에서 들을 수 있는 일본의 국가는 「君が代(きみがよ)」입니다. 가사는 옛날 「和歌(わか)」를 배경으로 만들어진 내용이며 '君=당신' 이었지만, 그 후 "君=천황" 으로 되서 '천황의 어세는 천대에서 팔천대까지 조약돌이 바위가 되어 이끼가 낄 때까지...' 로 천황을 찬미하는 내용으로 해석하게 됐습니다.

病院と診療（びょういんとしんりょう） 병원과 진료

医者（いしゃ） 의사	看護婦（かんごふ） 간호사	診察室（しんさつしつ） 진찰실
注射（ちゅうしゃ） 주사	車いす（くるま） 휠체어	頭痛（ずつう） 두통
風邪薬（かぜぐすり） 감기약	聴診器（ちょうしんき） 청진기	包帯（ほうたい） 붕대

内科(ないか) 내과

外科(げか) 외과

眼科(がんか) 안과

歯科(しか) 치과

耳鼻科(じびか) 이비인후과

整形外科(せいけいげか) 정형외과

産婦人科(さんふじんか) 산부인과

精神科(せいしんか) 정신과

01 <<

1. (1) キムさんは　ファッション・モデルの　ようです。

(2) 少し　暑い　ようです。

(3) 教育が　大変な　ようです。

(4) 皆　そわそわして　いる　ようです。

2. (1) あしたは　休みの　はずです。

(2) もうすぐ　来る　はずです

(3) 英語が　上手な　はずです。

(4) 彼は　忙しい　はずです。

3. (1) Q : 富士山の　高さは　どのぐらい　ありますか。

A : 3千メートル　以上　あります。

(2) Q : ハンガンの　長さは　どのぐらい　ありますか。

A : さあ、よく　わかりません。

(3) Q : キムさんは　日本へ　行く　ために　何を　して　いますか。

A : 毎日　日本語を　勉強して　います。

02 <<

1. (1) 読んで　いる　ところです。

(2) 終わった　ところです

(3) 食べる　ところです。

2. (1) ファックスを　送ろうと　思います。

(2) あした　友達に　会おうと　思います。

(3) お酒は　やめようと　思います。

3. (1) 会議を　始めようと　した　ところです。

(2) 今　窓を　開けた　ところです。

(3) お酒を　飲む　わけには　いきません。

4. (1) Q : 会議は　始まりましたか。

A : ええ、今　始まった　ところです。

(2) Q : 食事は　終わりましたか。

A : いいえ、今　食事を　して　いる　ところです（かえって 食べて　いる　ところです）。

(3) Q : 彼は　今　何を　して　いるでしょうか。

A : たぶん　休んで　いる　ところだと　思います。

03 <<

1. (1) 食べた　ばかりです。

(2) 行った　ばかりです。

(3) 聞いた　ばかりです。

2. (1) お酒ばかり　飲んで　います。

(2) 泣いて　ばかり　います。

(3) おととい　帰って　きた　ばかりだからです。

3. (1) Q : パーティーは　どうなって　いますか。

A : 10分　前に　終わった　ばかりです。

(2) Q : ワールド・カップ大会は　いつですか。

A : 昨日　始まった　ばかりです。

(3) Q : お茶、飲みませんか。

A : すみません。さっき　飲んだ　ばかりです。

04 <<

1. (1) 行ける　(2) 読める　(3) 習える　(4) 来られる　(5) 話せる

(6) できる　(7) 食べられる　(8) 起きられる　(9) 帰れる　(10) わかる

2. (1) 日本語が　話せます。／ 日本語を　話す　ことが　できます。

(2) あした　ここに　来られます。／ あした　ここに　来る　ことが　できます。

(3) 英語で　手紙が　書けます。／ 英語で　手紙を　書く　ことが　できます。

(4) 歌が　歌えます。

3. (1) 降るらしい

(2) 金持ちらしい

(3) 別れるらしい

4. (1) Q : ひらがな、カタカナは　全部　書けますか。
A : ええ、全部　書けます。
(2) Q : 新聞を　どのくらい　読めますか。
A : まだ　読めません。
(3) Q : 日本人みたいに　日本語が　話せますか。
A : はい、話せます。／　いいえ、話せません。

05 <<

1. (1) くださいました　(2) もらいました
(3) もらった　(4) くれた（또는 くださった）
(5) さしあげますか（또는 さしあげましたか）
(6) いただいた（カジュアル もらった）　(7) あげた（カジュアル やった）

2. (1) キム先生は　学生に　雑誌を　くださいました。
(2) 私は　友達に　携帯電話を　あげる　つもりです。
(3) 友達に　もらった　辞書を　弟に　あげました。

3. (1) Q : バレンタイン・デーに　彼女が　何を　くれましたか。
A : ネクタイを　くれました。
(2) Q : 彼女から　何か　もらいました。あなたは　彼女に　何を　あげたいですか。
A : バラの　花を　あげたいです。
(3) Q : あなたは　バレンタイン・デーに　チョコレートを　もらったり、あげたり　した　ことがありますか。
A : いいえ、全然　ありません。
(4) Q : 両親に　何か　あげた　ことが　ありますか。あげたと　したら、何を　あげましたか。
A : お金を　たくさん　さしあげた　ことが　あります。

06 <<

1. (1) 教えて　くださいました　(2) 作って　くれます
(3) 書いて　もらった　(4) 送って　いただいた
(5) 送って　さしあげます　(6) して　いただきたい（또는 して　もらいたい）

2. (1) 料理を　作って　いただけませんか。

(2) 歌を　歌って　いただけませんか。

(3) 話を　して　いただけませんか。

3. (1) 10時までに　来て　いただけませんか。

(2) お名前を　書いて　くださった　方には　CDを　ただで　さしあげて　います。

4. 私は　母に　本と　パソコンを　送って　もらいたいと　手紙を　書きました。

また、今回　帰ったら、おいしい　料理を　たくさん　作って　あげると　書きました。

(1) Q : 男の　人は　お母さんに　何を　お願いしましたか。

A : 本と　パソコンを　送って　もらいたい (또는 送って　ほしい) と　お願いしました。

(2) Q : おいしい　料理を　作る　人は　だれですか。

A : 男の　人です。

07 <<

1. (1) 部長は　社長に　呼ばれました。

(2) 私は　先生に　日本語を　教えられました。

(3) 子供に　泣かれて、私は　寝られませんでした。

(4) 私は　イ君の　結婚式に　招待されました。

(5) 私は　隣の　人に　足を　ふまれました。

(6) 韓国と　日本で　ワールド・カップ大会が　行われました。

(7) ゆうべ　友達に　来られて　勉強が　できませんでした。

(8) 急に　会社の　人に　通訳を　頼まれました。

2. (1) Q : きのう、どこへ　行って　きましたか。

A : イ君の　結婚式に　呼ばれて　行って　きました。

(2) Q : ソウル大学との　セミナーは　いつ　開かれますか。

A : あさって　開かれます。

(3) Q : あなたは　友達から　何か　急に　頼まれた　ことは　ありませんか。

A : はい、あります。／　いいえ、ありません。

08 <<

1. (1) 先生は　学生に　本を　読ませました。

(2) お医者さんは　父に　たばこを　やめさせました。

(3) 部長は　私に　コピーばかり　取らせました。

2. 오늘은 감기에 걸렸기 때문에 회사를 쉬고(쉬게 함을 받고), 병원에 갔습니다(가게 함을 받았습니다). 집에 돌아와서 하루종일 잠을 잤습니다(자게 함을 받았습니다).

(1) 風邪を　引いたからです。

(2) 一日中　寝させて　いただきました。

3. (1) 子供に　掃除を　させました。

(2) おもしろい　話を　して　笑わせて　くれました。

4. (1) Q : 学校では　何を　やらせますか。

A : 勉強ばかり　やらせます。

(2) Q : 会社では　どんな　人が　人気が　ありますか。

A : 人を　笑わせる　人が　人気が　あります。

(3) Q : あなたは　友達を　1時間　以上　待たせた　ことが　ありますか。

A : はい、あります。／　いいえ、ありません。

09 <<

1. (1) 行かせられました

(2) 歌わせられました

(3) 言わせられました

2. 이(아무개) 씨는 애인한테서 1시간이나 기다리게 함을 당했습니다(애인을 1시간이나 기다려야했습니다). 전화도 없었기 때문에 그는 안절부절 못했습니다. 겨우 그녀가 왔습니다.
두 사람은 쇼핑하러 갔습니다. 이(아무개) 씨는 그녀가 산 물건을 들어야 했고, 게다가 CD 값마저 물어야 했기 때문에, 난처한 얼굴을 하고 있습니다.

(1) 彼女に　一時間も　待たせられたし、イライラさせられたし、買った　ものを　持たせられたし、その上　CD代まで　払わせられました。

(2) 생략

3. (1) 歌を　2時間も　練習させられました。

(2) たくさん　飲ませられ、今　二日酔いで　頭が　痛いです。

4. (1) Q : あなたは　恋人に　一時間　以上　待たせられた　ことが　ありますか。

A : はい、あります。／　いいえ、ありません。

2) Q : あなたは　したく　ない　ことを　させられた　ことが　ありますか。

A : はい、あります。／　いいえ、ありません。

10 <<

1. (1) お書きに　なる。／　お書きする。

(2) お読みに　なる。／　お読みする。

(3) お会いに　なる。／　お目に　かかる。

(4) ご覧に　なる。／　拝見する。

2. (1) お手伝いください。

(2) お入りください。

(3) お話しください。

(4) お立ちください

3. (1) おりません。

(2) 食べました。

(3) なさいますか。

(4) で　いらっしゃいますか。

집필진

by_ Study Tech Institite

본 교재는 (주)시사일본어사가 현장에서 10년간 직접 사용한 책을 개정한 것입니다.

三木寿々恵(みきすずえ) 日本女子大学 졸업

岸本健治(きしもとけんじ) 日本 早稲田大学 졸업

정해란 성신여자대학교 대학원 일어일문학과 졸업

송미혜 日本 東京外国語大学 日本語学科 졸업

주말 황금연휴 일본어
혼자서 끝내기 4

초판인쇄_ 2007년 5월 10일
초판발행_ 2007년 5월 15일

저자_일본어공부기술연구소
펴낸이_엄태상
펴낸곳_ LanguagePLUS®
책임편집_ 최춘성 · 이주영
표지 디자인_신영미
등록일자_2000년 8월 17일
등록번호_제 1- 2718호
주소_서울 강남구 삼성동 149- 18
전화_1588 - 1582 팩스_(02) 3671 - 0500
홈페이지_http://www.langpl.com
이메일_tltk@chol.com

ISBN 978-89-5518-514-0 18730
(set) 978-89-5518-510-2 18730

LanguagePLUS® 는 (주)시사일본어사의 자회사입니다